# ストーリーで伝えるブランド

シグネチャーストーリーが人々を惹きつける

David Aaker

デービッド・アーカー［著］
阿久津聡［訳］

ダイヤモンド社

Creating Signature Stories :
Strategic Messaging that Persuades, Energizes and Inspires
by
David Aaker

# 日本語版へのまえがき

ブランド・ビジョン、顧客との関係、組織の価値観に関する戦略的メッセージを伝えることは、日本のブランドにとって、かつてなく重要となってきている。しかも現在は、メディアの雑音があふれ、顧客は雑音に無関心かつ懐疑的で、情報量に圧倒されており、主導権も顧客側にあるという状況だ。

そこで、ストーリーの活用を始めよう。人物や体験をめぐる、「昔むかし、あるところに……」式の物語だ。心理学をはじめ諸分野での広範な研究で示されているが、ストーリーは、いかなる形で提示された事実よりも圧倒的に強力であり、20倍どころか200倍もの効果がある。ストーリーは露出を獲得する、ソーシャルメディアを賑わす、情報を伝達する、記憶に定着させる、人を引き込む、説得する、触発する、等々において事実に勝っており、その差は桁違いだ。デジタル時代の今日では、ストーリーこそが答えとなるのだ。

ただし、求められるのは単なるストーリーではなく、シグネチャーストーリーである。つまり雑音を突き破るほど〝突出〟し、戦略的メッセージを直接または間接的に伝えるストーリーだ。本書は、ブランドがシグネチャーストーリーをどのように活用し、驚異的なまでに露出、活気、刺激を生んでいるのかを示していく。ライフブイという1つの固形石鹸ブランドが実施した、手洗いによって乳幼児の死亡率を減らす取り組みは、4400万回という動画視聴数を獲得した。バークレイズは、最も信頼されない業界（銀行業）の最も信頼されないブランドという地位からの脱却を遂げた。それを可能にしたのは、社員たちの取り組み——一般の人々にデジタル時代への適応法を教えるプログラム——にまつわるストーリーを発信する、という方法である。

シグネチャーストーリーには強い力があるにもかかわらず、十分に活用されていない。なぜなのだろうか。第1に、企業はシグネチャーストーリーに関する理論は受け入れても、その開発と活用に本気で取り組まず、努力と経営資源を注がない。第2に、企業は強いシグネチャーストーリーを発掘または創出できていない。ストーリーが浅く（「顧客はその製品体験に興奮した」等）、戦略的メッセージを裏づける説得力のある中身を伴っていないからだ。

日本のブランドが本書を参考に、シグネチャーストーリーがなぜ効果を発揮するのかを理解し、コミュニケーション能力の活性化につなげていただければ幸いである。そして本書で述べたアイデアをもとに、シグネチャーストーリーの発掘や創出、そして活用に熟達されることを願っている。

本書のみならず他の拙著についても、翻訳と出版にあたり素晴らしい仕事をしてくれたダイヤモンド社に感謝を捧げたい。ブランディングおよび関連テーマに関する私の仕事は、日本で大変ありがたい反響をいただいているが、それもダイヤモンド社のおかげである。『ストーリーで伝えるブランド』の品質と予定通りの刊行に万全を期してくれた、現在の担当編集者である大坪亮氏に御礼申し上げたい。

そして最後に、長きにわたる友人である阿久津聡氏に心から感謝したい。今回も刊行までの過程を通して面倒をみてくれた彼には、また新たな借りができた。

２０１９年８月

カリフォルニアの自宅にて　デービッド・アーカー

## ストーリーで伝えるブランド――目次

日本語版へのまえがき　i

# 第1章 シグネチャーストーリーとは何か

シグネチャーストーリーとは何か　1

6つのストーリー　2
「ストーリー」とは何か　9
「シグネチャーストーリー」とは何か　14
シグネチャーストーリーには戦略的メッセージがある　19
事実を集めただけではシグネチャーストーリーにならない　20
シグネチャーストーリーで事実を提示する方法　23
シグネチャーストーリーは短くてもかまわない　26
シグネチャーストーリーは受け手の頭の中で形づくられる　27
シグネチャーストーリーは借りてくることもできる　30
組織にストーリーテリングの文化を根づかせる　34

## 第2章 複数のストーリーを組み合わせる 39

個々の総和を超えるインパクト——スカイプ 40
複数のストーリーで1つの戦略的メッセージを伝える 42
シグネチャーストーリーが複数あることの利点 50
複数のストーリーで複数の戦略的メッセージを伝える 52
多すぎても困るシグネチャーストーリー 56

## 第3章 シグネチャーストーリーはブランドを強化する 63

圧倒的な注目を集めたシグネチャーストーリー 64
シグネチャーストーリーを使うべき理由 68
シグネチャーストーリーは注目される 71
シグネチャーストーリーはソーシャルメディアで拡散する 75
シグネチャーストーリーをブランドに結びつける 78

第4章 シグネチャーストーリーは説得する 81

私がピアノに向かって座ると、みんな笑いました 82
シグネチャーストーリーは「説得」する 83
事実よりもストーリーのほうが説得力がある 85
シグネチャーストーリーは「ブランド連想」に影響を及ぼす 87
ストーリーは「愛着」を生む 89
ストーリーは「行動」に影響を及ぼす 90
なぜストーリーには説得力があるのか? 92
サブカテゴリーを制圧するフレーミング 97
シグネチャーストーリーを生かし続ける方法 99

第5章 シグネチャーストーリーは価値観を伝える 103

子どもに5歳を迎えさせよう——ライフブイ 104
高次の目標とは何か 107

高次の目標は感動と敬意を生む 109
高次の目標を追求すべき理由 112
高次の目標から強いストーリーが生まれる 115
高次の目標を見つけるためのプロセス 118

第6章 シグネチャーストーリーを伝える相手 121

ブランドの危機を乗り越えたストーリー——バークレイズ 122
顧客に伝える——強固な関係とロイヤルティを獲得する 126
従業員に伝える——本気の決意 131
経営陣が伝える——ビジョンと価値観 136

第7章 シグネチャーストーリーのつくり方 141

幸福の自動販売機——コカ・コーラ 142
シグネチャーストーリーを創出または発掘する方法 143
自前のストーリーが見つからない場合 146

何をストーリーの主役にするか　148
組織を挙げてシグネチャーストーリーをつくる　164

## 第8章　シグネチャーストーリーを強化する方法　169

共鳴するシグネチャーストーリー――GE　170
強いシグネチャーストーリーのつくり方　171
個々の構成要素ではなくトータルな効果を意識する　175
ストーリーを評価するときに問うべきこと　177
優れたストーリーが持つべき特性　180
プレゼンテーション――どう伝えるかで変わる効果　187
ストーリーを最適化する　191

## 第9章　自分を知るためのシグネチャーストーリー　193

私はなぜブランディングの道に進んだのか　194
「職業人としての自分」のシグネチャーストーリー　195

「自分は何者か」を伝えるストーリー 198
「高次の目標」を伝えるストーリー 203
「自分はどこに向かっているのか」を伝えるストーリー 206
私生活をめぐるシグネチャーストーリー 209
他者とつながるためのシグネチャーストーリー 213
ストーリーは自然に生まれない 217

エピローグ
12の教訓 219

謝辞 224
訳者あとがき 226
原注 234
索引 240

妻ケイ、
娘ジェニファー、ジャン、ジョリーン、
そして娘の家族たちへ。
私はみんなに日々支えられ、触発されている。

第1章

# シグネチャーストーリーとは何か

物語とは、それ以外の方法では伝えられない何かを伝える手段である。

——フラナリー・オコナー（米国の物語作家）

# 6つのストーリー

## ある創業者のストーリー

アウトドア愛好家のレオン・L・ビーンは1912年、狩猟の旅から戻るとき、靴が冷たく濡れて不快な思いをした。そこで、お金はないが旺盛な意欲と創造力を持っていた彼は、新しいブーツを開発した。軽量の革でつくったシュートップを防水ゴムのソールに縫いつけたものだ。そのブーツはとても履き心地がよかったので、レオン・ビーンはそれにメイン・ハンティング・シューという名前をつけ、メイン州の狩猟免許を持つ州外在住者たちの名簿を使って通信販売を開始した。しかし残念なことに、最初に売れた100足のうち90足は縫い目に問題があり、水が靴の中に染み込んでしまった。

窮地に立たされたレオン・ビーンは、どう対応したか？　彼は客たちに返金し、破産寸前に陥りながらも、製造工程を改善し、今後つくるブーツが間違いなく防水となるようにしたのである。このL・L・ビーンのストーリーが物語るのは、同社のイノベーションの文化、釣りと狩猟の伝統（やがてアウトドア製品全般に広がった）、そして「100％の満足保証」という有名なフレーズに表れている品質への献身と顧客への配慮である。

## ある贈り物のストーリー

モザンビークの小さな村に住む15歳の少女、ナタリアの生活は、水を中心に回っていた。毎朝、6人の弟や妹たちの世話をした後、バケツを手に川まで歩き、列に並ぶ。順番が来ると手掘りの穴から汚れた水を汲む。この作業には何時間もかかったので、彼女が学校に行けるのは週に2日だけだった。しかし2012年、清潔で安全な飲み水を発展途上国の人々に提供する非営利団体（NPO）、**チャリティ・ウォーター**のおかげで、彼女の村には井戸がつくられた。住民はきれいな水を必要なだけ、簡単に汲めるようになった。いまではナタリアは毎日学校に通い、遅刻することもない。

村では5人のメンバーで構成される水委員会をつくることになった。その任務は、この井戸プロジェクトを長期にわたって維持するための事業計画を考案・導入することと、地元コミュニティに、健康、公衆衛生、清潔な生活習慣に関する教育を施すことである。チャリティ・ウォーターのスタッフが委員会と対面したとき、最後のメンバーが自己紹介をした。しっかり両足を広げて立ち、誇らし気に腕組みをし、顔には満足げな笑みを浮かべている。「名前はナタリアといいます。私が会長です」。その役割にしては圧倒的に若いナタリアが選ばれた理由は、彼女の自信、粘り強さ、リーダーシップ能力、そして読み書きができることだった。その後、彼女には新たな志が生まれ、いまでは教師を目指し、やがては校長になろうと望んでいる。チャリティ・ウォーターは最初の8年間で約2万3000件のプロジェクトを実施し、700万人以上に清潔な水へのアクセスを提供してきた。ナタリアのストーリーは、そんな同組織の活動をより人間味のある形で伝えている。

## あるブランドのストーリー

「ホッケーのためならすべてを捧げる」――そんな人たちを称えるために、ビールメーカーの**モルソン・カナディアン**は、ブリティッシュコロンビア州にあるパーセル山脈の山中に本格的なホッケーリンクをつくることを決めた。まったくもって容易ではない。これほど人里離れた場所にホッケーリンクをつくり、そこでプレーする人たちを選んでイベントを開こうというのだ！ リンクの建設には2週間かかった。ヘリコプターが何度も往復して資材を運び、最後にモルソンを象徴する冷蔵庫が設置されて工事は完了した。参加プレーヤーを選出する基準は、ホッケーへの熱意を示す個人的なストーリーだった。選ばれた11人と、本物のスタンレー杯（ホッケーの究極のシンボル）が、他に類のないこの空間へと空輸された。ホッケーファンたちは夢のようなイベントに興奮して身震いした。

モルソンが世界に発信したこのストーリーは、企画の実行過程を詳細に伝えた。ホッケーリンク建設地の探索から、ヘリコプターを使った建設、参加プレーヤーの選出、試合の開催まで。「信じられる？」と言いたくなるような、ユニークで感情に訴えるプログラムを展開することで、モルソンは顧客のホッケー愛を世界にシェアした。ストーリーはその模様を生き生きと物語る。ブランドに活気を吹き込み、カナダの冷気と氷の感触をまざまざと感じさせるこのストーリーは、製品そのものが与える満足に焦点を当てる他のビールブランドのストーリーとは対照的である。

## ある顧客のストーリー

ＩＢＭのワトソンは、膨大な情報とデータを企業が管理運営するためのソフトウェア・プラットフォームである。これを医療に適用するのが**ＩＢＭワトソン・ヘルス**だ。医療ＮＰＯのオーランド・ヘルスは、診療コストの抑制と治療を妨げている制度上の難問を抱えていた。どうすればよいのか？　彼らが選んだ解決策は、ワトソンを活用して新たな健康管理システムを構築するというものだった。

以前のシステムの問題点、新たなシステムの目標、実施された改革、達成されたさまざまな成果指標が、ストーリーによって詳述された[*1]。取り組みの結果、プロセスが更新・合理化され、それまでは個別の診療行為に支払われていた報酬が、連携された包括的ケア（予防治療なども含む）への報酬という方式に変更された。改革初年度にはいくつかの成果指標が10％以上向上した。たとえば、結腸内視鏡検査を受けた51歳以上の受診者、乳がん予防のマンモグラフィー検査を受けた成人女性、うつ病検査を受けた患者などの割合が増えた。

このストーリーは、似たような困難に取り組む他の医療ネットワークにも有効な関連性《レレバンス》がある。それはＩＢＭワトソン・ヘルスというブランドのみならず、ＩＢＭワトソン、さらにはＩＢＭというブランド自体についても、思いやりと明晰さを印象づける。よりよい医療を低コストで提供できるソリューションは、誰にとってもありがたいものだからだ。

## ある成長戦略のストーリー

最初のテスラ車が出荷される2年前の2006年8月2日。イーロン・マスクはテスラの成長ストーリーをプレゼンテーションしていた（テスラは彼の副業であり、日中はスペースXの経営という別の仕事があったのだが）。新興の電気自動車会社が、長い伝統を持つ企業たちで形成される自動車業界に足掛かりを築けるか、というのがマスクの挑戦の核心だった。彼の4段階から成る成長ストーリーは、それが可能だということを示しただけでなく、戦略の中身と目標を知る必要のある社員と顧客と投資家に信憑性を感じさせ、刺激を与えるものであった。

マスクの文書のタイトルは、「テスラモーターズ　秘密のマスタープラン（ここだけの話）」というものだった。ステップ①：ポルシェのような既存のガソリン車より高性能で、プリウスの2倍のエネルギー効率を持つ高級電動スポーツカー（テスラ・ロードスター）をつくる。この売上げを次の段階への資金とする。ステップ②：より手頃な価格の4ドア高級セダン（モデルS）をつくる。この売上げも次の段階での資金に使う。ステップ③：さらに低価格のセダン（モデル3）をつくり、大量生産によるスケールメリットを得る。ステップ④：③を進めながら、排ガスゼロのソーラーパネル発電を提供する。それはマスクを筆頭株主とするソーラーシティが開発する最適なサイズと価格のパネルを使った発電で、テスラ車の充電にも使うことができる。テスラの開発を報じるニュースも、成長ストーリーの一部となった。

計画は実行に移され、2016年7月にマスクは、その成長戦略にさらに4つの新たな要素を加えた。バッテリーと一体化した住宅用ソーラールーフをつくる。自動車市場のすべての主要セグメントに向けて車をつくる。人間のドライバーより10倍安全な自律走行機能を開発する。そして、車を使っていないとき人に貸せるようにする（カーシェアリング）。マスクに賭け金を張らないほうがリスクが高いとさえ思われた。

## ある借りてきた事実によるストーリー

ピーター・グーバーは1990年代初頭、ソニーに買収されたばかりの**コロンビア・ピクチャーズ・エンタテインメント**のCEOに就任した。コロンビアに再び活力を注入する必要性にどれほど迫られていたかを、彼は語っている。[*2] 同社の事業は、映画制作の他に、テレビ番組の制作とそのグローバル展開、および映画館チェーンのロウズの経営などもあった。会社の混乱ぶりを彼はこう説明している。「収益は急激に落ち込み、社員はやる気を失っている。性質の異なるたくさんの部署が、共通のビジョンがないまま全米に散らばっている。加えて、いまやオーナーは外国人だ」。状況を一変させる何かが必要だった。それをもたらしたのが「アラビアのロレンス」の物語だったのである。

T・E・ロレンスは第一次世界大戦中の英国陸軍将校で、古い規範に囚われない人物として知られていた。彼はオスマン帝国に反旗をひるがえしたファイサル王子の顧問となる。戦闘で大敗を喫し、陸軍上層部から撤退を勧告されるが、逆に、オスマン帝国の戦略的要衝である港湾都市アカバを強襲することを提案した。

アカバの内陸側には、荒涼とした砂漠が広がっていた。この蛇とサソリだけの、水もない灼熱の砂漠を、少数精鋭の部隊で突っ切り、オスマン軍の基地アカバを奇襲するというのがロレンスの作戦だった。ファイサル王子の協力、そして独立心が非常に強く、協力よりも相争うことに慣れている砂漠の民、ベドウィン族の一部の助力を得て、ロレンスと戦士たちは不可能と思われたアカバ制圧を成し遂げた。混沌とした戦いを大きく進展させたこの成功譚はその後、世界中で繰り返し語られた。

そして周知のように、この実話に基づいて制作されたピーター・オトゥール主演の『アラビアのロレンス』は、サスペンス、感情、ディテールを豊かに描いて数々の映画賞を獲得し、映画史に金字塔を打ち立てることになる。

アラブ部族同士があろうことか同盟を結び、よそ者のロレンスと協力して逆境を克服する。この物語に、グーバーはシグネチャーストーリー〔シグネチャー（signature）は署名、サイン、目印、痕跡などの意味〕を見出した。コロンビアもまた、異なる事業群が一つの力にまとまれば、新しいオーナーの下で一丸となって不可能を可能にできる——そう彼は提案したのだ。まずは社内で毎年行われるクリスマスイベントで、このストーリーを話した。そして、ローブをまとったオトゥールの写真を額に入れて幹部らに贈った。

ストーリーは人々の心に響き、「アカバ」がスローガンとなった。その結果、組織の意識が変わり、社員たちは活力を取り戻した。明確な指揮に従って動く組織が生まれ、革新的な成長戦略を支えた。そして、社名をソニー・ピクチャーズ・エンタテインメントへと変える契機にもなった。その後長い年月が経ったが、オトゥールの写真はいまも同社のオフィスに飾られている。

# 「ストーリー」とは何か

本書は、このソーシャルメディア全盛の時代に、企業が戦略的メッセージを伝えるうえでストーリーテリングが大きな力を持っていることを論じるものである。そして、メッセージに命を吹き込むためにストーリーテリングが有効なだけでなく、しばしば必須である理由を説明する。ストーリーがそれほど重要なのには3つの理由がある。

## ストーリーには強い力がある

マネジメントにおけるストーリーテリングの潜在力は往々にして過小評価されている。それを私が知ったのは、私の娘でありスタンフォード経営大学院教授のジェニファー・アーカーの仕事に触れたのがきっかけだった。ジェニファーは、このテーマに関する過去7年間の研究、教育、講演などで注目されている。彼女は心理学を含む諸分野の広範な研究事例を挙げて、一揃いの事実《ファクツ》よりも、そしてそれら事実がいかなる形で提示されようとも、ストーリーのほうが圧倒的に強力であることを示した。実に圧倒的なのだ！　ストーリーが事実に勝るのは、露出を獲得する、ソーシャルメディアを賑わす、情報を伝達する、記憶に定着させる、人を引き込む、説得する、奮い立たせる《インスパイア》、等々においてである。その力の差は桁違いだ。

本章冒頭で挙げた例を考えてみよう。メイン・ハンティング・シュー、モザンビークの村の給水設備、モルソンの山上ホッケーリンク、ＩＢＭワトソンの能力、テスラの成長計画、アラビアのロレンスの偉業――これらについて単純な事実のみを列挙したところで、注目度もインパクトも、説得力あふれるストーリーの足元にも及ばないだろう。

事実を伝える最善の戦略は、究極的なメッセージがおのずと立ち現れてくるストーリー、あるいは、少なくともそこに含まれる事実を知りたくなるようなストーリーを、発掘または創出することだ。事実をストーリーに転換する方法を見つけよう。それは、ある企業がどのように始まったのか、どのように卓越した製品が生まれたのか、その製品を使って顧客が難しい目標をいかに達成したのかを伝えることかもしれない。事実を意味のある興味深い文脈《コンテクスト》へと変える、何らかのストーリーを見つけるのだ。

## ストーリーはコンテンツのカギを握っている

デジタル時代の主役はコンテンツであり、コンテンツのカギはストーリーにある。ソーシャルメディア上の受け手《オーディエンス》は受動的ではなく、みずから主導権を握っている。受け手がメッセージに関わろうとするのは、コンテンツに興味を覚えるときだけだ。この時代にはコンテンツが成否を分ける。そして、そのコンテンツの本質はストーリーなのだ。

事実だけでは、いかに説得力があっても、混み合ったメディア環境の中で際立つために必要な注目や反応を獲得することは稀である。ストーリーがあれば、あらゆるノイズ、無関心、コンテンツの氾濫を突き破って受け手の注意を引くための道ができる。「こんな話《ストーリー》があるんだけど」と言われれば、誰もが耳をそばだてるものだ。ストーリーは事実の羅列よりもはるかに興味を引きつけやすく、注意を持続させ、記憶にも残りやすい。

ストーリーはマーケティング・コミュニケーションの分野で注目を集めているが、その一因は、組織が「デジタル時代にふさわしくあらねば」というプレッシャーを感じているからだ。多くの企業が、強いストーリーを発掘し、創出し、評価するためのプロセスと体制を築いている。ストーリーを説得力ある形で提供するために、ジャーナリストや映画制作者をスタッフに加えている企業も多い。今日、元一流ジャーナリストを擁して、組織とリーダーのためにストーリー構築の支援を行うエージェンシーも増えている。*3

## ストーリーなしにメッセージを伝えることは難しい

意図通りに戦略的メッセージを伝えることは難しい。メディアが乱立するデジタル空間では、なおさらである。私はブランドおよびブランディングについて研究する中で、ブランドが拠って立つ信念を伝えることは、伝えたい相手が社内か社外かにかかわらず、困難であることを目の当たりにしてきた。組織の価値観や戦略的メッセージを伝えることも同じように難しい。

なぜ難しいのか。顧客も従業員も、リーダーが発する戦略的メッセージになど大して興味がないからである。組織、ブランド、製品、サービスについても同様だ。その欠けている興味を刺激するのが、ストーリーの役割なのだ。顧客と従業員はまた、発信された戦略的メッセージには真実味や信憑性が欠けていると見なすかもしれないが、効果的なストーリーはそのリスクを減らしてくれる。受け手の関心がストーリーの主役とプロット〔筋書き〕に向かい、それらは反論を招きにくいからだ。

## 「戦術的ストーリー」と「シグネチャーストーリー」の違い

本書が論じるのは単なるストーリーではなく、シグネチャーストーリーである。それはブランド・ビジョン、顧客との関係、組織と組織の価値観、そして事業戦略などと結びついているものだ。本章冒頭に挙げた6編はシグネチャーストーリーであり、各々のブランドおよび会社の戦略的資産となっている。

シグネチャーストーリーは、戦術的ストーリーとは対照的だ。両者は質が異なるため、資源配分と管理運営はまったく違う方法で行う必要がある。

戦術的ストーリーは、おそらくは広告やウェブ上で、短期的なコミュニケーションの目的を達成するために使われる。目的達成後もストーリーが生き続けることは期待されていない。

シグネチャーストーリーが持つメッセージ、役割、寿命はそれとは大きく異なる。それは戦略的メッセージの伝達を目指し、組織の継続的な方向性を指し示し、永続的で有効な資産となる。何度も語られ取り上げられていくにつれ、真実味、けん引力、影響力を増していく。最終的に、売上げや利益、市場での地位といった成果指標を押し上げるほど意義深いものになりうるものである。

## ストーリーを活用するうえでの障壁

では、ストーリーの力とコンテンツの重要性にもかかわらず、戦略的メッセージを伝える手段としてストーリーがもっと広く普及していないのは、なぜだろうか。それには主に3つの理由がある。

◉間接的かつメッセージの一部しか含まないストーリーを語るより、明確でインパクトのある事実をストレートに伝えるほうが効率的だと考えている人が多い。また、たとえば4つのポイントを伝えることが目標である場合、その4つすべてを（もしくは2つか3つでも）カバーするようなストーリーが用意できないのかもしれない。

◉受け手は常に合理的で、客観的な情報を受け入れて処理する動機と能力がある、という前提に立っているのかもしれない。特に法人向け（B2B）ビジネスやハイテクの分野で、その傾向がある。しかし、当然ながら、この都合のよい前提が正しいことはめったにない。

◉受け手の注意を引き、興味を喚起し、内容の咀嚼を促すような、偉大なシグネチャーストーリーは、見出すのも活用するのも難しい。

こうした困難や誤った前提を克服して、戦略的意図を伝えるためのストーリーを発掘または創出する能力を開発しなければならない。伝えるべき重要な事実の一部でも含まれていればかまわない、というわけにはいかない。最適なストーリー（あるいは最適なストーリー群）を見つけ、それを伝えたい相手に届けるための計画を立案する必要がある。

## 「シグネチャーストーリー」とは何か

本書における「ストーリー」の定義は、「現実または架空の出来事や経験を、序盤・中盤・終盤（必ずしもこの順番ではない）に分けて描いた物語《ナラティブ》」というものである。構成要素とその含意を1つの流れにまとめる枠組みがストーリーである。ストーリーにはしばしば、直接もしくは暗黙のうちに表現される感情に訴える内容と詳細な知覚情報が含まれる。

重要なのは、ストーリーは一連の事実（あるいは特徴）の描写ではないということだ。事実を含みそれを伝えてはいても、あくまで物語という文脈においてであり、受け手は内包されている事実を推測する必要があるかもしれない。そしてストーリーは、事実と論点の解釈に影響を及ぼしうる。

では、「シグネチャーストーリー」とは何か。それは戦略的メッセージ——ブランド・ビジョン、顧客との関係、組織の価値観や事業戦略などを明確化または強化するメッセージ——を伝える、あるいは支える物語である。シグネチャーストーリーは興味をかき立て、人を引き込み、真実味がある。そして、長期にわたってブランドに知名度と活力をもたらし、従業員や顧客を説得し、刺激を与えるものである。

## 興味をかき立てる

シグネチャーストーリーは受け手の注意を引きつけなくてはならない。夢中にさせるとまではいかなくても、興味をかき立てる必要がある。注目されなければ、何の意味もない。ストーリーを露出させるだけでは不十分だ。それに気づく人はわずかであり、咀嚼する人はさらに少ないからである。

次のような特性を持つコンテンツを盛り込み、人々の目と意識を引きつけなくてはならない。深く考えさせる、他に類を見ない、有益な情報を与える、刺激を与える、目的に見合っている、ユーモアがある、畏敬の念を起こさせる――。あなたの記憶に残っているストーリーを思い浮かべてほしい。ほぼ間違いなく、これら7つの特性のうちいくつかが際立っているはずだ。

「興味深さ」の尺度の1つは、そのストーリーが人づてやソーシャルメディアでのクチコミによる拡散を誘発するかどうかだ。典型的な例として、高級百貨店ノードストロームの店員に対する権限委譲ぶりを生き生きと伝える古い逸話がある。諸説あるうちの1つによれば、1970年代中頃、ある客がアラスカのフェアバンクスにある店舗の衣料品売り場を訪れ、2本のすり減ったスノータイヤを「返品」したいと言った。なんと気まずい瞬間だろう！　ノードストロームではもちろんタイヤは売っていない（その店舗が建っている場所に、かつてタイヤ店があったことは事実だが）。店員はその職に就いてわずか数週間だったが、対応を迷うことはなかった。彼は速やかにタイヤを引き取り、客が申告した支払額を返金したのだ。

私は大勢の聴衆に、このノードストロームのストーリーを聞いたことがあるか尋ねてきた。たいていその場の3割から5割が手を挙げる。聞いたことがあるという人は、ほぼすべて、この話をノードストローム側からではなく、他の誰かから聞いていた。このストーリーが非常に奇抜で、ノードストロームの信念を象徴していると感じた人々が、繰り返し語っていることがわかる。

## 真実味がある

真実味《オーセンティシティ》とは、疑わしい、不自然だ、見え透いた売り込み手段だ、などと受け手に思わせないことである。モザンビークのナタリアのストーリーは、現実の環境にいる実在の人物について知らせ、尊敬の念を抱かせることで、真実味をもたらしている。

とはいえ、シグネチャーストーリーに真実味を持たせるためには、実際の出来事である必要はない。たとえば、ながら運転による自動車事故をリアルに描いたＡＴ＆Ｔの啓発的ストーリーは、明らかにフィクションだが力強い。真に迫る本当らしさがあるからだ。

また真実味とは、ストーリーとその戦略的メッセージの背後に実質的な中身があること、そしてその中身が透明性のある方針やプログラムなどの形で示されているということでもある。メッセージを裏づけて強固にする中身がなければ、ストーリーの真実味は損なわれ、ブランドはやがて色あせる。

本章冒頭で挙げた6つのストーリーにはどれも、裏づけとなる、しっかりした中身がある。

◉L・L・ビーンは、品質の約束と保証、そしてアウトドアへの情熱をさまざまな形で示している。その1つであるL・L・ビーン・アウトドア・ディスカバリー・スクールは、フライフィッシングやカヤック、アウトドア撮影などを含む数十もの冒険活動を常に用意している。

◉チャリティ・ウォーターの組織は、水のない村に清潔な水を提供している。

◉モルソンは「ホッケーのためにすべてを」のストーリーを複数の方法で裏づけている。ナショナルホッケーリーグ（NHL）への継続的なスポンサーシップもその一環だ。また、トロントの中心街にある32階建てビルの屋上にモルソン・カナディアン・ホッケー・ハウスを建設し、ファンをパブリックビューイングに招いている。

◉IBMワトソン・ヘルスは医療の効果と効率性を向上させている。

◉テスラは資金を調達して計画を実行している。

◉アラビアのロレンスはアカバ制圧を成功させた。コロンビアは部門群を団結させ、予想をはるかに上回る業績を上げた。

## 受け手を引き込む

受け手を引き込む力とは、受け手をストーリーに引き込む魅力のことだ。それがあれば、受け手は登場人物に感情移入し、プロットを重視するようになる。結果として受け手は、必ずではないにしても、認知、感情、行動のレベルで何らかの反応を起こす。

認知面では、受け手はストーリーとそのテーマを咀嚼して趣旨を受け入れる。チャリティ・ウォーターのストーリーでは、受け手は村の古いやり方のリスクと時間的コストを理解し、汚れた水の問題を解決した組織の努力に感謝する。認知的反応は、製品やサービスを使った顧客が成功したという話が詳述されるB2Bの文脈において重要となる場合が多い。IBMワトソン・ヘルスが好例だ。このストーリーで受け手を引き込む原動力は、自分が抱えている問題ともつながっているという認識である。シグネチャーストーリーは、受け手が直面する重要な問題を反映していなければならない。

感情面では、引き込む力のあるストーリーは登場人物に対する受け手の感情を喚起する。また、サプライズやクライマックスによっても感情を高ぶらせる場合がある。レオン・ビーンがカモ猟をする情景は、郷愁を呼び起こす。チャリティ・ウォーターのストーリーにおけるナタリアの達成と将来展望は、誇らしさを感じさせる。モルソンの山上リンクでホッケーをした人たちは高揚感を、IBMワトソン・ヘルスが難問を解決する様子は満足感を喚起する。積極的にリスクを取るテスラの姿勢、そしてロレンスの勇気は、感嘆の念を抱かせる。

行動面では、ストーリーは受け手にタイムリーに行動する動機を与えることができる。彼らは友人や同僚にモルソンやIBMワトソン・ヘルスのストーリーを話すかもしれないし、車を買うときにはテスラを検討するかもしれない。買い物に行けばL・L・ビーンやノードストロームを目指し、寄付先にチャリティ・ウォーターを選ぶ可能性もある。コロンビアの各部門は大胆な目標に向かって一致団結しようと奮起するかもしれない。

## シグネチャーストーリーには戦略的メッセージがある

シグネチャーストーリーは**戦略的メッセージ**を伴う。戦略的メッセージとは、組織の中にいる受け手にも、外にいる受け手にも関係があり、次の各要素を明確に示すものである。

**◉ブランド・ビジョン**　本章の6つのストーリーはすべて、ブランドの存在感、イメージ、パーソナリティ、今日的な意味および価値提案《バリュー・プロポジション》を明確化または強化している。

**◉顧客との関係**　「ホッケーのためにすべてを」のプログラムは、モルソンと顧客が共有するホッケーへの関心を盛り上げ、そこに感情を吹き込んでいる。ナタリアのストーリーはチャリティ・ウォーターとクライアントの関係を伝えている。

**◉組織とその価値観**　ＩＢＭワトソン・ヘルスのストーリーは、ＩＢＭワトソンの力を活用して医療を改革しようという組織の信念を反映している。テスラのストーリーは、米国を持続可能な社会へと近づけるという同社の使命を裏づけている。

**◉現在と将来の事業戦略**　6つのストーリーはすべて、現在および将来の事業戦略の核を表している。新たな事業戦略と、そのために必要な変化を伝えることは、簡単にはいかない場合が多く、組織内においては特に難しい。シグネチャーストーリーは通常、事実や単純な論理的推論よりも、はるかに巧みにその役目を果たすことができる。

シグネチャーストーリーは長期間にわたってブランドに知名度と活力をもたらし、従業員や顧客を納得させ、触発《インスパイア》する。本章の6つのストーリーはこれらすべてを実現している。たとえばモルソンのストーリーは、受け手にとって大切な活動に彼らを引き込むことで、ブランドの知名度と活力を生み出している。モルソンという会社はホッケーに、そしてその情熱を共有する人々に対して真剣である、という認識を強化することで、受け手を納得させている。さらに、山上のリンク建設という偉業によって喚起される感情がモルソンブランドに結びつき定着することで、受け手を触発している。

ここで注意しなくてならないことがある。シグネチャーストーリーをつくって活用しようとするときは、4つの要件──興味をかき立てる、真実味がある、引き込む力がある、戦略的メッセージを伴う──をどの程度満たしているかを判断する必要がある。その際、4つのうちいずれか1つでも弱いストーリーを、シグネチャーストーリーの地位に格上げしたくなる誘惑に屈してはならない、ということである。

## 事実を集めただけではシグネチャーストーリーにならない

シグネチャーストーリーとは物語である。「昔むかし、あるところに……」の形式を取る物語だ。事実の一揃《セット》いではなく、強調すべき特徴の一覧《リスト》でもない。それを理解したことが、本書の執筆を進めるうえでの突破口となった。ストーリーテリングについて幅広く教育と研究を行ってきた、スタンフォード大学教授で私の娘でもあるジェニファー・アーカーと、数年にわたり辛抱強く議論をしてきた結果（いつも辛抱強かったわけではないが）、思い至ったのである。

やっかいな問題は、およそあらゆる種類のコミュニケーションを「ストーリー」と表現する人がいることだ。そこでのストーリーという概念には、一貫性のある有意義な意味づけがなされていない。

企業が「コーポレートストーリー」や「ブランドストーリー」をつくる際、どんな方法が奨励されているか考えてみよう。企業は次のような問いに答えようとする。

◉あなたの組織について説明してほしい。何をする会社なのか。
◉会社の価値観は何か。戦略は何か。
◉対象とする顧客は誰か。
◉各顧客層に対する価値提案は何か。
◉差別化ポイントは何か。

こうした問いに答えるときはたいてい、事実を並べた一覧が使われる。その一覧は当然、熟読されるべきものではある。それなくしては成功するのが難しい戦略とブランド・ビジョンを支える基盤を示しているからだ。しかし、それは本書で定義されるストーリーではない。

すでに述べたように、組織やブランドに関する事実群をセットにして提示することは便利な方法だと思われがちである。たくさんの情報を効率よく、余すところなく伝えているように見えるからだ。一方、シグネチャーストーリーはその「事実一覧」の内容を一部のみ、おそらくは間接的にしか伝えないかもしれない。ナタリアをめぐるチャリティ・ウォーターのシグネチャーストーリーはインパクトがあるが、プログラムに関して知らされるべき事項の一覧の、ごく一部しか伝えていない。オーランド・ヘルスをめぐるIBMワトソン・ヘルスのストーリーは具体的であり、似た状況にある組織はみずからに引きつけて咀嚼することができるが、医療の向上においてIBMワトソン・ヘルスが果たしている役割については、限られた観点しか示されていない。

事実を並べるというのは、コミュニケーション担当者にとっては便利に映るが、シグネチャーストーリーではない。興味をかき立て、人を引き込み、戦略的メッセージを伴う、真実味のある物語ではないのだ。むしろそうした事実のセットは得てして、興味深さよりも退屈を、真実味よりも誇張を感じさせる。他社も提示している一覧と違いがないと見られ、引き込む力がない。対してシグネチャーストーリーは、注目されやすく、受け手を説得し触発する可能性が高い。

とはいえ事実を記述することでは、ブランドや組織や戦略を適切に表せることも確かである。では、重要な戦略的コミュニケーションにおいて、それらをどう扱えばよいのだろうか？　第1に、一揃いの事実が受け手を導いて触発できるのは、受け手がその事実に耳を傾け同意した場合のみだが、そのようなケースはめったにない、ということを認識しておこう。第2に、事実の提示によって果たそうとしている目的を、ストーリーによってどう達成または後押しできるかを検討してみよう。その事実群に文脈と追加情報を付与することで、ストーリーに転換できる場合がある。英国の小説家E・M・フォースターによる、ストーリーについての説明を思い出してほしい。王が死に、次に女王が死んだ、というのは出来事の羅列だ。王が死に、女王は悲しみのあまり死んだ、というのがストーリである。

## シグネチャーストーリーで事実を提示する方法

事実はそれのみでは、注目の獲得、説得や触発などの効果を十分に上げることはできないだろう。しかし事実は、物事を明白にする。主張に実質的な中身を与えて説得力を強め、生じうる反論への耐性を強化する。ストーリーの趣旨をより明確にするうえでも役に立つ。したがって、事実を単独ではなく、ストーリーの文脈に沿って提示することが有効となりうる。それには3つの方法がある。

### ❶事実をストーリーの中に織り込む

可能ならば、事実を物語の流れに沿って紹介していくのが最善の選択肢である。事実を〝付属品〟のように提示するのではなく、ストーリーに信憑性やディテールを加えるものとして提示するのだ。たとえば、課題を鮮明で真実味のある形で描く、登場人物の動機を伝える、場面にディテールを加えるといった方法で、ストーリーの邪魔にならず調和する形で用いるのだ。

とはいえ、事実がどうしてもストーリーにうまくフィットしない場合は、別の方法を採用しなくてはならない。

## ❷ストーリーを語ってから事実を提示する

最初にストーリーによって受け手の注意を喚起し、文脈に引き込み、反論の意図を逸らしておいて、後に続く事実を咀嚼すべき理由を前もって提示する、という方法だ。それらの事実は信じるに値し、話を完結させるために必要である、という根拠をストーリーによって示さなくてはならない。

チャリティ・ウォーターの例では、ストーリーが語られた後で、何本の井戸が掘られ、人々にどんな影響を与えたかというプロジェクトの事実が紹介されている。ノードストロームの話をする人はストーリーの後に、店員は買い物客を満足させるためなら、担当の売り場を越えて行動でき、自分の判断で多くの意思決定ができるという、同社の権限委譲型マネジメントに言及するかもしれない。ストーリーは、こうした事実をより適切で興味深い形で提示するのだ。

アンドロイドの共同創業者アンディ・ルービンは、自身の新会社エッセンシャル・プロダクツについてストーリーとともに紹介している。[*4] ある夜、古くからの友人と街に繰り出したときにすべてが始まったという。「夜が更けるにつれ、私たちの話題は自然と、いまのテクノロジーの気に入らない点へと進んでいきました。選択肢が減ってきている。いらない機能が増えるばかりで、生活の邪魔になっている。互いに連携していない製品が大量に増えている」。さらに話が長々と続いた後、「私たちは決めたのです。21世紀にふさわしい手段を使って、21世紀の人々が望む生き方に見合った製品をつくるために、新しい形の会社を立ち上げる必要がある、と」。このストーリーを話した後に初めて、ルービンは6カ条にまとめられた新会社の理念を説明した（「シンプルであることは常に望ましい」など）。ストーリーによって新会社の理念を知りたいという動機づけや適切な位置づけをしていなければ、6カ条を咀嚼しようとする受け手は少ないはずだ。

ここでの秘訣は、ストーリーを補完または完結させる形で事実を提示することである。それによって、ストーリーが売り込みや誇大広告のように聞こえて真実味が損なわれるという事態を避けることができる。説得力のあるストーリーが巧みに語られ、事実の提示が受け手と関連のある形で簡潔に行われれば、そのリスクは低くなる。

## ❸ 事実を提示してからストーリーを語る

最初に事実を提示するという方法もある。ストーリーの役割は、事実を咀嚼しようという動機を与え、事実に信憑性を持たせ、深みと印象強さを与えて命を吹き込むことだ。企業によっては、まず事実を説明した後で、「ワォ！」（驚き）の要素を示すためにストーリーを用いるかもしれない。ストーリーはまた、反論したくなる気持ちを和らげ、伝え手の信憑性を高めなくてはならない。ノードストロームの例では、事実をストーリーの後ではなく前に置くのもよい。最初に従業員に主体性を持たせる同社の方針を伝え、その後に「これが何を意味するのか説明しましょう」と言ってストーリーに入るのである。

事実先行のやり方が奏功するのは、その事実にインパクトがあり、少なくともある程度は興味をかき立てる内容で、冗長ではない場合だ。「モルソンは高い山の上にホッケーリンクを建設した」と言われれば、もっと聞きたいという気になる。ストーリーに入る前に、事実によって受け手の興味を失わせてはならない。

事実を先に置くことにはリスクもある。受け手の頭の中に分析的なマインドセットを生じさせ、ストーリーの力を削いでしまいかねないことだ。ある実験で、分析的な課題を行った後でストーリーを聞いた被験者は、ストーリー抜きに事実だけを聞いたグループと同じような反応を示したことが、報告されている。話し手がよく知られ信頼されていて、聞き手の感情に配慮した場合には、そのようなリスクは小さくなる。

## シグネチャーストーリーは短くてもかまわない

シグネチャーストーリーは詳細でなくてもよく、網羅的である必要もない。受け手にある程度の余白を埋めてもらうことを期待してかまわない。むしろディテールの一部を想像に任せることは、受け手を引き込む効果的な方法となりうる。受け手自身の経験に照らしてストーリーを解釈してもらえるからだ。古典的ラジオドラマの『シャドー』〔1931年のヒーロードラマ〕や『ドラグネット』〔1949年の刑事ドラマ〕などはその典型例で、物語に引き込まれた聞き手は、プロットや登場人物の細部を頭の中で描写し脚色できたのである。

ストーリーはまた、短くてもよい。実際、物語を数語に凝縮してみることは有益なエクササイズとなりうる。文豪アーネスト・ヘミングウェイは、6つの単語で小説を書けるか、という賭けに勝ったことがあるという。伝えられている話によれば、ヘミングウェイはその〝作品〟――「赤ちゃん用の靴、売ります。未使用（For sale: baby shoes, never worn.）」――を非常に気に入っていたそうだ。読み手は細部を埋めることができる。赤ん坊の死、靴を売りに出した母親の姿と悲哀、あるいはその靴を買う別の母親の喜びを。

比喩もまたストーリーになり、受け手に想像と脚色の余地を提供できる。税に関する次の3つの比喩を考えてみよう。税金は重荷である（重い荷物を背負った人が、遠くにいる税務官にそれを運んでいる、という光景が思い浮かぶ）。税金は会費である（誰かがカントリークラブを訪れ、施設を使うための年会費を払っている光景）。税金は未来への投資である（誰かが未来の世代に役立つであろう道路や橋を眺めている光景）。

## シグネチャーストーリーは受け手の頭の中で形づくられる

シグネチャーストーリーは、個人ごとに異なるものとなりうる。ブランドや組織の影響は受けるかもしれないが、受け手がストーリーとその細部を形成して自分のものにするのだ。そうした自前のストーリーは、当人の頭の中にのみ存在するとはいえ、組織側から発信されたストーリーより強力なものになり、繰り返し語られる可能性が高い。

トヨタ自動車のプリウスについて考えてほしい。1990年代後半に初登場してハイブリッド車市場を席捲し、以降の15年間に世界で約350万台が売れた。ユーザーの多くを動機づけたのは、環境への取り組みを表現する機会が得られることだ。プリウス所有者のストーリーには、多少の違いはあれ、以下のようなパターンがあるのではないか。

私は気候変動と環境問題を心配していて、頻繁に考える。自分が問題解決の一端を担えるなら何でもしたい。車を買う時期が来たので、ガソリン消費を抑えて炭素の排出を減らせるハイブリッド車を買おうと決めた。でも、どのハイブリッド車がよいのか？　複数の選択肢を検討した後、プリウスが魅力的だと思った。トヨタの「ハイブリッド・シナジー・ドライブ」という技術と、美しく優雅なデザインに引かれたからだ（プリウスを運転していれば、何も言わなくても、ハイブリッド車に乗っていることを友人や隣人にわかってもらえるだろうという無意識の判断が働いている）。価格は予算内で、すべてに納得がいったので、購入に踏み切った。ショールームを出て運転しながら、目に見える形で自分の言葉と心に従って責任を果たしていることに誇りを感じた。また、ゴルフ仲間や義理の兄弟との会話でプリウス購入の話題を持ち出せるのが嬉しかった。

このストーリーにインパクトがある理由は、ブランドや企業ではなく顧客自身のものだからである。企業にできることは、プリウスの炭素排出削減効果について受け手の注意を引くことで、このストーリーを間接的に支えることだ。通常ならそれが従来型の製品コミュニケーションの役割だが、ストーリーの文脈においてはそれだけではない役割がある。個人の頭の中にあるストーリーに対し、刺激を与えるという役割である。

たとえばバーバリーの「アート・オブ・ザ・トレンチ」というウェブサイトでは、ユーザーにバーバリーの象徴的なトレンチコートを着た写真を投稿するよう呼びかけている。個々の写真の背景には当然ながら、個々人にとって有意義なストーリーがある。投稿された写真はサイト側の選定を経て掲載され、世界中の膨大な数のユーザーによって、お気に入りに登録されシェアされる。このプログラムは２００９年に始まり、バーバリーのデジタル化とｅコマースの成功に貢献してきた。初年度だけで、１５０カ国で７５０万回閲覧された。同サイトは、バーバリーのビジョン――流行に敏感であること、そして庶民的な高級品《デモクラティック・ラグジュアリー》であること――の裏づけとなっている。同時に、若々しく野心的な未来の顧客たちとのつながりを創出している。

ジレットの「キス&テル」というプログラムについても考えてみよう。この試みは、男性がひげをあまり剃らずに流行の「無精ひげスタイル」を好む傾向を減らそうというものである。多くの女性は無精ひげを好まない、というアンケート調査の結果に基づいて展開されたこのキャンペーンには、ユーチューブのドキュメンタリー動画（キスに関するさまざまな助言を提供）、マイクロサイト（専用サイトkissandtellus.comを設け、カップルがキスについての意見などを投稿できる）、ライブイベント（1分間でどれだけ多くキスができるか挑戦する）などが含まれている。このキャンペーンは間違いなく多くの女性たちに、無精ひげが邪魔になった忘れがたい瞬間と、それに伴うストーリーを思い出させたはずだ。

## シグネチャーストーリーは借りてくることもできる

有効で望ましい自前のシグネチャーストーリーを、現時点では持っていないという場合もあるだろう。価値観やプログラムを伝えて受け手を奮起させるストーリーが必要だが、まだ用意できていないかもしれない。そんなときの解決策は、模範となる他者、およびそのシグネチャーストーリーに目を向けることである。それを借用し、ひいては自己流に翻案するのだ。

たとえば、顧客優先のサービスプログラムを一貫性と自由裁量を重視しながら推進したいというのであれば、すり減ったタイヤの返品を受けつけた店員についてのノードストロームのシグネチャーストーリーを借りてきてもよい。L・L・ビーンのストーリーをヒントにして、欠陥品の修理に関する規律や、日頃の問題解決における創意工夫の精神を伝えることができるかもしれない。人々の生活に影響を与え向上させるプログラムを考案するうえで、チャリティ・ウォーターのストーリーから刺激を得られる可能性がある。これらは自前のストーリーではなくても指針となり、受け手の心を動かすものとなりうる。

社会貢献の理念を自社のビジネスモデルに導入した、セールスフォース・ドットコムの創業CEO、マーク・ベニオフの例を見てみよう。[*5] 100社を超える企業が、高次の目標〔財務的な目標を超えた志〕を核とする彼の思想とシグネチャーストーリーを取り入れている。

ベニオフは30代半ばの頃、急成長中のオラクルで上級幹部として働いていた。当時の彼は、自分を見つめ直し、表面的な成功の基準を超越した人生の意義を見つけるための時間を欲していた。そこで長期有給休暇を取り、ハワイを訪れ、やがてインドで2カ月を過ごす。インドの宗教指導者マータ・アムリターナンダマイー（会う人すべてを温かく抱擁する彼女は、「抱きしめる聖者」と呼ばれる）に触発された彼は、こう確信する。ビジネスと善行は二者択一である必要はない。企業の目標と戦略に社会奉仕の使命を組み込み、両方を実践することは可能である、と。

帰国した彼は、恵まれない学校にコンピュータとネット環境を提供する「オラクルズ・プロミス」の立ち上げに協力した（コリン・パウエル将軍が米国の若者支援のために組織した「アメリカズ・プロミス」を手本に設計したもの）。プロジェクトを進めていたある日、学校へのネット回線導入の作業を手伝うために参加した社員が2人しかいなかった。ベニオフはこのとき、企業と社員が本気で取り組む必要性を痛感する。

そこで1999年、B2Bでクラウド・コンピューティング・サービスを導入するためにセールスフォース・ドットコムを創業し、営利目的のビジネスモデルに社会貢献活動への組織的取り組みを組み込むことにした。ベニオフは先行する模範例を探し、社会貢献や環境保護のプログラムを効果的に実践している企業について調べた。そうして学んだことを取り入れて開発したのが、1-1-1システムである。同社は毎年、社員の就業時間の1％（最初の18年間で200万時間以上がボランティア活動に捧げられた）、製品の1％（3万1000の非営利組織にソフトウェアを無償で提供した）、株式の1％（資金援助の総額は1・6億ドル超に上る）を社会貢献のために捧げている。各要素、特に時間の貢献は、個々の社員が関わった高次の目標を伝える強力なシグネチャーストーリーのコンテンツとなっている。

セールスフォース・ドットコムは他社に対しても、1-1-1の公式を使って社会還元する「1％の誓い」への参加を積極的に促している。この取り組みを採用した100を超える企業は、高次の目標を核とする経営システムをゼロから考案する必要がない。ベニオフの辿ってきた道を示すシグネチャーストーリーは、これらの企業を継続的に動機づける一助となっている。

## さまざまな場所から借用できるストーリー

シグネチャーストーリーの借用元は、ニュース記事、歴史上の出来事、伝記、小説、寓話、テレビ番組や映画などでもよい。源泉が何であれ、そのストーリーは興味深く、人を引き込み、真実味のある形で戦略的メッセージを伝えなくてはならない。「アラビアのロレンス」のストーリーがコロンビア・ピクチャーズ・エンタテインメントの新たな努力と再活性化を後押しした事例を思い出してほしい。自社の業界と（または自社の顧客にさえ）つながりのないストーリーから、説得力のある新たな視点がもたらされることさえあるのだ。そのストーリーがすでによく知られているものなら、苦労して改作する作業や高くつくプレゼンテーションは不要となるかもしれない。

ピーター・グーバーは、ビル・クリントン（この人物も卓越したストーリーテラーだ）についてのストーリーも語っている。[*6] クリントンは1992年の大統領選で、ニューハンプシャー州の予備選に敗れ苦戦していた。次の州へと選挙戦を続けるためには、24時間以内に9万ドルが必要だった。そこで彼のスタッフはグーバーに助けを求めた。選挙資金に関する法律に照らせば、それはグーバーが90人から各1000ドルの寄付を募ることを意味する。クリントンにチャンスがあることの確証を得たかったグーバーは、直接話すことを求めた。電話に出たクリントンはこう尋ねる。「映画『真昼の決闘』を見たことはありますか?」

その一言で、話は通じた。この有名な1952年の映画のストーリーを、クリントンは改めて話す必要はなかった。劇中、ニューメキシコ州ハドリービルの保安官を退職したウィル・ケイン(ゲイリー・クーパー)は、新妻のエイミー(グレース・ケリー)とともに町を出ていこうとしていた。しかし、ある知らせを受けてその予定を中断する。かつて彼が投獄した犯罪者、フランク・ミラーが釈放され、彼に復讐すべく正午の列車で町にやって来るというのだ。彼はミラーに立ち向かう道義的責任を感じ、町の住人たちから応援を募る。これまで彼を尊敬し支持してきた人たちだ。しかし彼らは怖気づいてしまい、ケインはミラーのギャング団に1人で立ち向かわざるをえなくなる。そして決闘に勝利するが、かつての支持者たちへの憤りが胸に残るのだった。

ここでのメッセージは言うまでもない――忠誠心は、よい時期だけでなく困難な状況においてこそ必要とされる。これはクリントンの選挙戦にも当てはまり、成功するために目下の窮状を乗り越えなくてはならない、という事情も同じだ。彼を支持するなら、順境のときだけの友であってはならない。『真昼の決闘』はこのことを、勇気と高邁な理想をめぐるドラマチックな物語によって訴えかける。グーバーは即座に納得し、友人たちをクリントン支援に引き込むためにこのストーリーを活用したのである。

## 組織にストーリーテリングの文化を根づかせる

ストーリーを伴わない事実は、ほぼ間違いなく機能しない。注目されず、ソーシャルメディア上の行動を促さず、説得力もなく、心の琴線に触れることもない。ストーリーはたとえ間接的で非効率であっても——あるいはそれゆえに——確実に機能する。ならば組織はなぜ、シグネチャーストーリーに目を向けず、本気で取り組まないのか？　ストーリーを活用する組織になるためにはどうすればよいのだろうか？　必要なことは、まずストーリーの力を理解すること、そして、組織を挙げてストーリーの構築と活用に取り組むことだ。

### まずストーリーの力を理解することから

先述したように、事実の提示については強い先入観が存在する。目的を持って行われるコミュニケーションの大半において、事実の一覧が使われる。さらに、B2Bおよびハイテク企業で特に顕著な暗黙の前提がある。顧客は合理的で正しい意思決定を重視しており、事実を受け入れて処理する動機と能力がある、という思い込みだ。それはほとんど常に間違っている。圧倒的多数の人々は製品やサービス、ブランドや組織に関心を持たないことのほうが多い。興味や動機を持つどころか、事実を伝える情報を理解する能力さえ限られているかもしれず、「最適な」意思決定をする気もない。それでもなお、この前提はなかなか消えないのだ。

ここで果たすべき目的は、ブランドと製品・サービスの文脈に沿ったストーリーの力を鮮明に見せつけることである。1つの方法として、模範例、つまりストーリーを効果的に使っている他の組織に目を向けるとよい。また、すでに存在するストーリーをいくつか取り上げて吟味してみれば、説得力の強さが明らかになる。それを実験によって確かめることもできる。従業員や顧客にシグネチャーストーリーを伝えた場合と、事実だけを提示した場合について、興味の尺度――メッセージへの注目度や、認識・行動の変化など――を測定してみれば、ストーリーの力について目を見張るような結果が出るはずだ。

## ストーリーを活用するための組織改革

シグネチャーストーリーを使いたくても、最適なストーリーの発掘や創出ができない場合もある。素晴らしいストーリーが現れても、気づかなかったり、社内外で活用する機会を逃すこともあるかもしれない。組織の中に、ストーリーを捉え、それをコミュニケーションの役割に合わせて調整し、プロフェッショナルに表現し、組織内や市場で効果的に活用するための仕組みがない、という場合もあるだろう。

シグネチャーストーリーが豊かに育つための環境をつくるには、根本的かつ段階的な改革が必要となるかもしれない。当然ながらそれは簡単ではない。シグネチャーストーリーをコミュニケーション活動の重要な要素にした実績を持つ組織から、実行可能ないくつかの指針を学ぶことができる。

◉ブランド・ビジョン、顧客への価値提案、組織の価値観と事業戦略を明確に定義し、それらに基づく一連の戦略的メッセージを確立する。

◉カギとなる経営幹部（最高マーケティング責任者など）に、戦略的ストーリーへの注力と資源配分を担当させる。

◉顧客の声、そして彼らが自社の製品・サービスをどのように使っているかを示すストーリーに、徹底的に耳を傾ける。

◉従業員に、潜在的なシグネチャーストーリーを発掘してもらうためのインセンティブを提供する。

◉組織の伝統を知り、それを今日的なテーマに当てはめる。

◉シグネチャーストーリーの模範となるような人たちを組織の内外から見つける。

◉最適なストーリーの発掘とキュレーション、および優れたプレゼンテーションの設計ができるスタッフの助力を借り、組織の体制とプロセスを整える。


延々と続く会議で、パワーポイントのスライドを山ほど見せられたのに、ストーリーは1つも語られなかった――そんな経験をしたことはないだろうか。内容をわかりやすく伝えるストーリーを含むプレゼンテーションが皆無という経験だ。これは組織文化の問題だ。ある企業は、毎回の会議で冒頭の10分間、参加者がストーリーをシェアすることになっている。プレゼンテーションをストーリーから始めるよう求めている企業もある。その結果、会議が面白く記憶に残るものになるだけでなく、社員はストーリーテラーになるためのスキルを学ぶことができる。このスキルによって、コミュニケーターやリーダーとしての能力も高まっていく。

シグネチャーストーリーは必ずしも1つとは限らない。次章では、複数のシグネチャーストーリーを組み合わせる方法を紹介し、それによって生じる効果と課題について述べる。その後に続く3つの章では、戦略的メッセージを伴うシグネチャーストーリーがどのようにインパクトを生むのかを論じる。第3章では、シグネチャーストーリーがブランドの知名度と活力をいかに高めるか、それがいかに重要かを示す。第4章と第5章では、シグネチャーストーリーが従業員と顧客をどのように説得し、触発するのかについて考える。

第6章では、最も重要な受け手集団、つまり顧客、従業員、経営幹部について説明し、これらの人々に訴求するうえでのシグネチャーストーリーの役割を示す。第7章ではストーリーの源泉について考える。第8章ではストーリーを強化する方法を示し、実施上の具体的な事項を取り上げる。第9章では個人的なシグネチャーストーリー、つまり組織ではなく、あなた自身のキャリアと人生に目を向ける。

# 第2章

# 複数のストーリーを組み合わせる

チームの強さは、個々のメンバーである。個々のメンバーの強さが、チームである。

——フィル・ジャクソン（ＮＢＡの監督として11度優勝）

## 個々の総和を超えるインパクト——スカイプ

マイクロソフト傘下のスカイプが伝えたい戦略的メッセージは、ユーザー同士を映像と音声でつなぐスカイプの力であり、それを創造的《クリエイティブ》な方法で使えば、他の方法では不可能なことをチームとして達成できるという事実だ。「創造的な方法で使えば」という点が重要だった。そこで、スカイプを使って不可能とも思えたことをやってのけた創造的な人々の事例を紹介するという、コミュニケーション目標を設定した。以下は、そのために集められた多数のストーリーのごく一部である。

◉ニューヨークに住むある作曲家は、地下鉄の駅構内で演奏するストリート・ミュージシャンたちの才能に引きつけられた。この才能を活かし、もっと多くの人に披露するために、11人の地下鉄ミュージシャンでオーケストラを編成することになった。各人はそれぞればらばらな場所にいるが、指揮者は、11脚の折り畳み椅子の上に置かれた11台のノートパソコンのスカイプを介して彼らを見、彼らが奏でる音楽を聴くことができる。このストーリーは動画と広告で発信された。

◉ジョージア州で12年間ピラティスのインストラクターをしていたデニス・ポズナックは、ニューヨークに引っ越した後も、ジョージアにいる生徒たちへの指導を続けたかった。どうすればよいのか？　答えはスカイプだった。地元ニューヨークから、そしてどの旅行先からでも、スカイプを通じて指導できるようになった。むしろ生徒たちの体験は向上した。長時間運転して会場に行く必要も、おしゃれなトレーニングウェアを着る必要もなく、自宅の快適な環境で、より効率的なトレーニングができるようになった。旅行中の生徒も、どこにいてもアクセスできる（毎週違う場所で指導を受ける生徒もいた）。この新たな運営方法によって、ポズナックはいまでは世界中の人々に教えている。

◉インディアナ州に住むサラと、ニュージーランドに住むペイジは、ともに左腕の肘から先がない状態で生まれた。２人の母たち（症例について調べるうちに互いを知った）は、娘同士も親しくなることを望んだが、これほどの遠距離で関係を築くにはどうすればよいのだろう？　解決策があった。スカイプを使って毎日つながることで、少女たちは体験を共有でき、深い友情を育むことができたのである。後年、スカイプは2人をニューヨークに招待し、感動の対面が果たされる。サラとペイジをめぐるスカイプのストーリーは４２００万回以上視聴され、メディアで取り上げられる回数も３０００を超え、ケイティ・クーリックのトーク番組をはじめテレビでも取り上げられた。

これらのストーリーは、すべてが合わさることで、全体として次のようなメッセージを伝える――創造力のある人は、スカイプの力によって、人生を豊かにする素晴らしいことを実現できる。いずれか１つのストーリーでは伝えきれないこのメッセージが、複数のストーリーによって伝わるのだ。

## 複数のストーリーで1つの戦略的メッセージを伝える

シグネチャーストーリーは、1つだけで存在することはめったにない。通常は複数が組み合わさったセットとして存在している。後述するが、ストーリーのセットを持つことには2つの利点がある。まず、ストーリーが複数あることで興味深さ、活力、知名度が増す。そして、単一のストーリーでは表現しきれない、戦略的メッセージの深みと幅を伝えることができる。

まず、同じ戦略的メッセージを持つストーリーのセットについて考えてみよう。章の後半では、製品、利用法、文化、顧客タイプなどが異なる、複数の戦略的メッセージを持つストーリーセットについて論じる。

同じ戦略的メッセージを持つシグネチャーストーリーのセットには、多くのパターンがあり、その理由もさまざまだ。マスターストーリー〔主軸となるシグネチャーストーリー〕があって、他のストーリーがそれを詳しく展開しているという場合もある。各ストーリーが製品やサービスの異なる利用法、代弁者、視点、プロットを提示している場合もある。いずれにせよ、ここでの課題は、ストーリーが組み合わさることで相乗的な増強効果が生まれるようセットを管理することだ。そのためには個々のストーリーに役割が必要となり、各ストーリーは戦略的メッセージとは別に、何らかの共通性で結ばれていなければならない。

## マスターストーリーを精緻化する補助的ストーリー

マスターストーリーに他のストーリーを添えて、深みと興味深さを加えることで、全体を精緻なものにできる。そうした補助的なストーリーでは、登場人物や場所といった特定の要素が主役となる。

テスラの成長ストーリーは、他の多くのストーリーによって精緻化されている。例を挙げれば、カリフォルニア州フリーモントでの巨大組立工場の建設、購入者が車を受け取るときに工場見学もできるという販売チャネル、充電ステーションの構築、ネバダ州リオでのバッテリー工場の建設、ドライブ体験を向上させるモデルSの機能、といったストーリー群である。

モルソンの山上ホッケーリンクのストーリーは、選考を勝ち抜いた参加者それぞれのストーリーによって、マスターストーリーの質感と感情が増し加わり、全体として精緻なものになった。参加者の1人、ビタリーには、ホッケーを愛するエストニア人の父アンドレイがいる。父は17年前に、当時12歳だった息子にホッケーをしながら成長してほしいと願い、家族を連れてカナダに移住した。やがてビタリーは選手として成功し、ケベック・メジャー・ジュニア・ホッケーリーグの一員となる。彼の傍らにはいつも父がいて、すべてのゴールを見てきた。そんな父に感謝を捧げたいと望んだビタリーに、モルソンは最高にカナダ人らしい方法で手を貸すことにした。「世界一高い場所にあるリンク」で、父子に1対1のプレーをする機会を提供したのだ。その模様を撮影した動画は130万回視聴された。別のシグネチャーストーリーは、リンクが建設されていく様子を伝え、大規模な建設に興味がある人々を引きつけた。

L・L・ビーンの場合、レオン・ビーンに関する一連のストーリー群は、彼の人物像、ライフスタイル、そしてイノベーションとアウトドアへの情熱に対する顧客の理解を支え、広げてきた。たとえばL・L・ビーンのカタログには、釣りに関する彼の冒険と専門知識を伝えるストーリーがたびたび登場した。1936年に掲載された、毛針のつくり方に関するストーリーで、彼はこう説明している。2種類の大きさの毛針が全部で8つもあれば十分であり、そのどれか1つでサケが掛からなければ、その日のサケ釣りは終わりにしてよいだろう、と。こうしたストーリーは彼の人物像に、知識豊富で正直であるという側面を加え、それがL・L・ビーンのブランド・イメージにつながっている。

## 異なる使われ方を伝えるストーリー

製品やサービスの使われ方を中心に据えてシグネチャーストーリーを構築することができる。その際、製品やサービスの機能に焦点を当ててもよいし、顧客やユーザーに焦点を当ててもよい。いずれにせよ、それが使われているさまざまな場面を伝えることで、ストーリーに深みと新鮮さを加えることができる。たとえばスカイプのストーリー群では、コミュニケーションと人間関係に好ましい影響を及ぼすスカイプの力が、さまざまな状況にあるさまざまな登場人物を通じて示されている。

製品が使われている場面をコンテンツにすることの効果は、家庭用ミキサーメーカーのブレンドテックによる「混ざるかな？」チャレンジにも見られる。２００６年からユーチューブで公開され、創業者トム・ディクソンが司会を務めるこの動画シリーズは、ブレンドテックのミキサーがさまざまなものを粉砕する様子を紹介する。粉砕されるのはシリー・パティ（合成ゴムの玩具）、ゴルフボール、ビー玉、携帯電話、クレジットカード、ビック製のライター、模造ダイヤモンドなどで、「危険なので家では真似しないでください」と言いたくなるようなものばかりだ。ディクソンはミキサーに放り込むものについて説明しながら、「さあ、これは混ざるかな？」と視聴者の注意を引きつける。ミキサーは毎回必ず仕事を成し遂げ、「よし、混ざる！」という反応を引き出して終了する。

この広告シリーズはミキサーの威力と多用途性に加え、ブランドのパーソナリティ――自信、楽しさを追求する、ユーモアがある――も鮮やかに示している。一連の動画は「信じられる？」という反応を生み、あらゆる広告シリーズの中でおそらく最も大きなバイラル（爆発的な拡散）効果を獲得している。*1 ｉＰｏｄを粉砕した動画１編だけで１７００万回以上も視聴された。プログラム開始から最初の７年間での合計視聴数は３億回を超えた。広告媒体予算をまったく使わずに、である。

## 異なるプロットによるストーリー

シグネチャーストーリーが提示される方法は、時の経過とともに変わることがあるが、伝えられるメッセージとインパクトは変わらない。バドワイザーのクライズデール（同社のマスコットキャラクターである馬の品種〕がその一例だ。1996年以降ほぼ毎年、スーパーボウル中継での広告として、プロットと登場人物を変えて新しいストーリーが登場している。スーパーボウルで最も人気のあるCMの常連であり、『USAトゥデイ』紙が選んだ「スーパーボウル広告史上最高の50本」の中に、バドワイザー・クライズデールのCMは5本ランクインしている。*2

この広告シリーズが伝えるのは動物たち〔馬や子犬〕の魅力だけでなく、忠誠心と絆である。どのCMも感情に訴えるメッセージを生み出している。あるCMでは、ラブラドール・レトリバーの子犬が保護施設からたびたび抜け出して、友だちであるクライズデールに会いに行く。とうとう子犬は車で遠くに連れていかれそうになるが、5頭のクライズデールが車の前に立ちふさがり、この友を彼らの馬小屋に連れて帰る。その後、子犬は馬たちとともに暮らすことになった。別のCMでは、クライズデールの子馬と調教師の固い絆が描かれる。子馬が成長してバドワイザーの「ヒッチ」〔宣伝のための馬車隊〕の一員になった後も、調教師のことを覚えているという内容だ。バドワイザーにとってクライズデールは、愛らしさ、たくましさ、忠誠心のシンボルであり、ブランドの伝統と結びついている。そして一連の広告はブランドの知名度を確実に、期待通りに高めている。

## 異なる代弁者によるストーリー

同じテーマを持つストーリーが、異なる代弁者《スポークスパーソン》や主役によって語られることもある。金融会社チャールズ・シュワブはこの手法を使い、CNNと共同で12人のキャスターをめぐるストーリー群をつくり上げた。各キャスターが、自分の人生を変えた人物について述懐するという内容だ。この企画の土台には、シュワブが最も重視する顧客対象は、自分の経済的将来を自分でコントロールする人生のオーナーであるという考え方、そしてほとんどのオーナーには影響を受けたメンターがいるという調査結果がある。

キャスターの1人、ミケイラ・ペレイラは、自身のルーツを振り返る旅で、ある女性と再会する。大学の卒業式が終わった後、昼食の席でペレイラの目を見つめ、「あなたはテレビで仕事をするべき」と言ってくれた人物だ。その瞬間がなければ、彼女はこの業界に進んでおらず、自分のチャンスにも気づかなかった。別のキャスター、アシュリー・バンフィールドは母親について語った。困難な状況に陥った一家を救い、カナダで不動産業者として大いに成功した。アシュリーの人生の拠りどころであり力になってくれたが、ときにその愛情は厳しくもあった。彼女がアシュリーに教えたのは、逆境にあっても泣き言を言わず、自分の意志で前に進むことだった。どの映像もメンターシップと責任をめぐるストーリーを、感情に深く訴える形で伝えている。

これらのストーリーは、CNNのキャスターたちを主役に据えた2時間特番で放送され、並行してウェブ上でも公開された。独占スポンサーのシュワブは、自社のブランドに関する短編動画をCMとして用意し、CNNのストーリーコンテンツの後に入れた。この動画の存在は、シュワブをメンターシップに関するメッセージに関連づけ、同時に人生のオーナーたる投資家になろうという同社のメッセージも反映している。シュワブはさらに、自社版の「私の人生を変えた人」の動画シリーズを制作した。あるエピソードに登場する若い女性は、高校時代にメンターとなった男性から投資について教えられ、目標を設定し追求することの大切さも学んだ。ＭＢＡを取得しスタートアップで成功できたのは、彼のおかげだと彼女は考えている。

２０１６年1月に始まったこの企画は、「どの証券会社を使っても同じ」という認識の壁を打ち破るものとなった。シュワブに対するブランド評価は26％上昇した。これらの短編動画は、コントロール広告（従来型メッセージを伝える広告）に比べ、顧客に「自分と同じ価値観を提示している」と評価された割合が29％高かった。成果データを分析した結果、同社のオンライン口座の開設は通常の倍に伸びたという。[*3]

## 異なる視点からのストーリー

ストーリーが複数の異なる視点から語られることで、より興味深くなる場合がある。第1章で紹介したチャリティ・ウォーター、そして15歳でモザンビークの村の水委員会会長を務めるナタリアを思い出してみよう。チャリティ・ウォーターのシグネチャーストーリーはこの他に、異なる視点から活動を紹介するものが25編ある。その１つに登場するポール・ボトマンは、マラウィに住む元気いっぱいの55歳の男性で、井戸の維持管理に熱心だ。ストーリーは彼の子ども時代から始まり、６歳のときに村に井戸ができた衝撃を伝える。その後は彼が受けた井戸管理のための訓練と、「井戸穴のドクター」としての日々の生活を描く。別のストーリーでは、マラウィの少年デビソンが登場する。みずから歩いて水を汲みに行く彼は、それを「女の仕事」にするべきではないという信念を持っていた。英雄になりたいわけでも、思想的立場を示すためでもなく、ただ正しい行いをしたいからだ。彼は、母にもっと時間の余裕をつくり、妹を学校に行かせたかったのである。

別のシグネチャーストーリーとして、チャリティ・ウォーターの創設者スコット・ハリソンに関するものがある。この視点には、同組織の価値観と戦略の多くがより自然な形で盛り込まれている。ハリソンは、ナイトクラブとパーティのプロモーターとして成功していた28歳のとき、「これまで自分は身勝手で傲慢な生き方をしてきた」、そして「絶望的なまでに不幸で、生き方を変える必要がある」と気づいた。*4

西アフリカで病院船を運営する慈善団体のカメラマンとして採用されたハリソンは、その地域の病気の多くは有害な水が原因であることを知る。2006年、31歳の誕生日パーティの夜、チャリティ・ウォーターの創設を決意し、その場で1万5000ドルの事業資金を集めた（今日、彼の志を支えるために大勢の人が誕生日に寄付を行っている。同組織のサイトでは、自分の誕生日を登録して、友人に水問題改善のための寄付を呼びかけることができる）。組織の目標は、すべての人に清潔な水を提供することだ。

彼の基本原則をいくつか挙げれば、寄付金の全額を井戸のためだけに使う（諸経費は別の募金活動で賄われる）、井戸は現地の人々が運営する、寄付した人は「自分の」井戸を地図で特定でき、その説明を画像と文章で見ることができる、などがある。2020年までに1億人に清潔な水を届ける、という大胆な目標をハリソンは掲げている。

## シグネチャーストーリーが複数あることの利点

同じ戦略的メッセージを持つ複数のシグネチャーストーリーを用意する理由は、主に2つある。1つは、興味をかき立て、活気と知名度を高めるため。もう1つは、核となるストーリーとメッセージに深みと幅を与えるためである。

### メッセージへの興味、ブランドの活気、知名度が高まる

シグネチャーストーリーが1つだけだと、重大な問題が生じうる。そのうち忘れ去られてしまうという危険性だ。ストーリーは一度聞いたらもう一度聞く必要はない。だとしたら、どうすればストーリーを繰り返し人々に届けることができるのだろう？　根底にある戦略的メッセージは同じでも、さまざまに異なる一連のシグネチャーストーリーを提供することによって、それが可能になる。

たとえばブレンドテックは、新しいストーリー群を定期的に提供するという方法を使っていなければ、これほどの広告インパクトは得られなかっただろう。ホッケー愛をめぐるモルソンのストーリー群も同じで、精緻化のためのストーリーはそれぞれが興味深く、ブランドの存在と活力を感じさせるものとなっている。そしてさらに重要なのは、それらが受け手に中核ストーリーを思い出させるという点だ。

際立ったブランドの知名度が持つ力については次章で詳述する。複数のストーリーによって、中核ストーリーとブランドの知名度が強まり、拡大する機会が生じる。スカイプのストーリー群は、土台となる戦略的メッセージの存在感を保ち、薄れさせず、忘れさせもしない。ストーリーが複数あれば、過去の広告の概要、さらには特定の広告を思い出すことができるかもしれない。チャリティ・ウォーターの一連のストーリーが興味、活力、知名度を高めている理由は、新しい登場人物と視点を追加しているからだ。

ストーリー群が適切に機能すれば、初期のストーリーは、それ以降のストーリーにも触れてみようという動機を喚起する。次回のストーリーを前もってアピールすることで、注意を引くうえでのハードルを下げるのだ。ブレンドテックのストーリーの個々の広告は、そのユーモアと冗談のような奇抜な実験によって、次のエピソードも見ようという気を起こさせる。バドワイザーのクライズデールの個々の広告も、次のストーリーへの期待を喚起する。

さまざまなバリエーションのある複数のストーリーを持つことで、当然の課題も生じる。ストーリー群が退屈な繰り返しになり、受け手を不愉快にさせてしまうことだ。ブレンドテックの広告が真面目な実験として提示されていたら、この問題はもっと深刻だったかもしれないが、滑稽な体裁と大げさな演技によってリスクは大幅に減じられている。実際、受け手はそれがジョークであることを承知して楽しんでいるのだ。

もう1つの留意事項として、簡潔なストーリー――1ページや短い動画で伝わり、扱う範囲が広すぎないもの――には利点がたくさんある。人々に時間を割いてもらえる可能性があるのは、

1ページ（あるいはもっと短い1段落）の文章、3分間（あるいはもっと短時間）の動画である。デジタル時代の集中力の持続時間は短い。長く複雑なストーリーよりも、少数の簡潔なストーリーのほうが咀嚼しやすく注意を引きやすいのだ。

### メッセージに深みと幅が加わる

これがストーリーをセットにすべき第2の理由だ。モルソンの中核ストーリーは、山上のアイスリンク建設と参加プレーヤーたちにまつわる補助的なストーリー群によって、深みと質感を付与されている。その結果生まれる総体としてのストーリーは、より忘れがたくインパクトが強いものになっているのだ。チャリティ・ウォーターのストーリー群における新しい登場人物とその視点は、水問題への取り組みに関する受け手の理解を深めてくれる。

ストーリーを複数展開することで、戦略的メッセージに幅を持たせることもできる。スカイプの例では、「スカイプは創造的な人や組織に、他者とつながる方法を提供する」という全体的なメッセージを、1つのストーリーで伝えるのは難しいだろう。しかし3つから6つ、またはそれ以上のストーリーがあれば、主張に信憑性が加わる。ブレンドテックの戦略的メッセージも、異なる複数のチャレンジを通じて繰り返されることで説得力が増している。

## 複数のストーリーで複数の戦略的メッセージを伝える

ストーリー・セットには、複数の戦略的メッセージを伴うものもある。企業によっては、製品や利用法、顧客層や国ごとに多くの事業部門があるかもしれない。その数が優に100を超えるという企業もあるだろう。そんな場合、単一の戦略的メッセージを世界共通で用いるのは最適ではなく、そうしたくても不可能だろう。それよりも必要なのは、各事業部に合わせた戦略的メッセージと、付随するシグネチャーストーリーだ。B2Bの文脈では特にこのやり方が求められる。複数の多様な事業部が、同じ1つのブランドを原動力として動いている場合が多いからだ。

第1章で紹介したIBMワトソン・ヘルスは、この部類に入る。そのサービス対象にはケアマネジャー、医師、病院管理者がおり、関わる分野はゲノム研究、がん研究、ケアマネジメント、個人向けの健康管理などを含め多岐にわたる。各分野で異なる戦略的メッセージ、異なるシグネチャーストーリーが必要であろう。

私も関係しているブランド戦略・事業戦略のコンサルティング会社プロフェット（Prophet）は、提供できるサービスの効力を見込み客に伝えるために、たくさんのシグネチャーストーリーをつくっており、その数は増え続けている。[*5] 利用可能なストーリーは200以上あり、社員は記事執筆や講演、クライアントへのプレゼンテーションのために利用することができる。その多くは1ページ版と複数ページ版の両方があり、動画付きのものもある。

プロフェットが提供するサービスの範囲は広いので、ストーリー群が伝える戦略的メッセージもさまざまに異なる。プロフェットの事業領域は3つのプラットフォーム——ブランド体験および顧客体験、デジタル・トランスフォーメーション、成長促進——に大別される。ストーリー群がカバーする専門分野と手法は、セグメンテーション、ブランド戦略、アナリティクス、デザイン、組織文化、イノベーションなど多岐にわたり、対象とする業界も小売り、金融、医療、B2B製品・サービスなど広範囲にわたる。

プロフェットが保有する個々のケーススタディは、クライアントが直面した課題、解決策、解決策を見つけるに至ったプロセス、結果評価を論じている。以下はその一部だ。

**◉クレイト&バレル**　インテリアショップ・チェーンであるこの会社は、業績不振が数年続いた後、ブランドの明確化と、来店者数および売上げの向上を目指した。セグメンテーション調査の結果、まだ十分に浸透していないハイエンド層への注力を決定。そしてブランドの再ポジショニング、新製品の提供、製品構成の最適化、ソーシャルメディアを活用した新たなマーケティングキャンペーンの開発、店舗デザインの変更を行った。12カ月後、来店者数と売上高は大幅に増加した。

**◉ザ・コスモポリタン・オブ・ラスベガス**　過密市場に新規参入したこのカジノリゾートは、2010年12月の開業までのわずか15カ月間で、市場に足掛かりを築く必要があった。解決策は、ラスベガス市場におけるラグジュアリーを再定義し、カジノリゾートの体験を一変させ、「世界中を知り尽くしている人たち」の共鳴を呼ぶことだった。この取り組みから生み出された体験は、現代的で、真実味も活力もある快適なものとなった。その結果、ラスベガス大通りに立地するホテルで最高レベルの客室稼働率を誇り、ホテル業界で権威のあるいくつかの賞で上位に選ばれている。

**◉T－モバイル**　２０１１年、同社はＡＴ＆Ｔ、ベライゾン、スプリントの後塵を拝し、社員は意欲を失っていた。調査によれば、消費者は一般的な携帯電話キャリアに対して怒りと苛立ちを感じていた。２年縛りの契約、利用上の制約、料金プランのわかりにくさ、顧客ロイヤルティへの見返りのなさなどが理由だった。これが敗者Ｔ－モバイルにとって好機となった。「脱キャリア」プログラムによって、カテゴリーの刷新を狙ったのだ。そのシンプルさ、公平性、値頃感が市場で話題となり、社員に活力を与えた。同プログラムが示したのは、Ｔ－モバイルは顧客との関係を大胆に変えることをいとわないこと、そして顧客の利益を第一に考えていることだ。この取り組みによって、２０１３年の加入者純増数は４００万超に上り、『ファスト・カンパニー』誌で「２０１４年の最も革新的な企業」の１社に選ばれた。

**◉マリオット**　米国を訪れる中国人旅行者（２０１４年には約２００万人）は、このホテル運営会社にとって重要な急成長市場となっていた。[*6] そこでマリオットは、中国人客を対象とするプログラムの差別化を目指し、お茶やスリッパを用意するといったありふれたサービスを超える、「礼遇《リーユー》」（礼を尽くしてもてなす）という取り組みを展開した。顧客の体験と期待に関する調査をもとに、新しいサービスが生まれていった。たとえば２０１６年に導入された、ウィーチャット（微信）を利用したプログラムでは、訪米中国人は自国語で米国現地のコンシェルジュとやり取りできる。同社はまた、さまざまな礼遇サービスの存在を伝えるために、ブランドのビジュアルデザインを変更した。

## 多すぎても困るシグネチャーストーリー

シグネチャーストーリーの価値を認め、それを巧みに活用する方法を見つけたとしても、別のリスクに直面することがある。ストーリーの過剰というリスクである。

複数のシグネチャーストーリーを用意するのはよいことだ。それによって新鮮味、活力、知名度、深みと幅、質感をもたらすことができる。実際、たいていの組織は、いくつか単独で成立するストーリーと、複数のストーリーセットの両方を必要としている。しかしある限度を超えると、シグネチャーストーリーが多すぎて管理できない、あるいは顧客の側で把握できなくなる、という一線がある。

組織内で幹部とマネジャーがストーリーを最も効果的に活用できるのは、それらがすぐに使える状態にあるときだ。素晴らしいシグネチャーストーリーが1つか2つあれば、非常に目につきやすい。1つや2つでは足りないこともあるが、15や30では多すぎるかもしれない。よいストーリーが見落とされ、素晴らしいストーリーでも埋もれてしまい、資源が十分に配分されず、活用もされないことになりかねない。その結果、実際に利用されてインパクトを与えるストーリーはあってもごく少数となり、マネジャーはそれを多数の中から見つけ出すのに苦労することになる。これが、ストーリーが多すぎるときに生じる問題である。

対象となる受け手が社員であれ顧客であれ、シグネチャーストーリーが多すぎると消化できずに飽和状態になる。少数なら説得力を発揮したかもしれないストーリー群も、多すぎれば注目されなかったり、受け手をうんざりさせる。受け手はメッセージやプロットに飽き飽きし、苛立ちさえ感じる。そうなるとストーリーは楽しさも情報も与えてくれず、受け手の自己イメージを強化することもなくなる。これもまたストーリーが多すぎることの弊害である。

こうした問題に対処するための有効な方策がいくつかある。すべてのストーリーに果たすべき役割を与え、それにふさわしい品質要件を満たさせ、優先順位をつけ、利用しやすい状態にするための方法だ。

## 最高のストーリーを選ぶ

シグネチャーストーリーの過多は、十分に選別しないために生じることが多い。要するに、素晴らしいといえないもの、または今後有用となる役割を担っていないものは、決して選ぶべきではない。選べばリスクが高まる。

選別の要件については第8章で詳細に述べるが、基本的には、すべてはシグネチャーストーリーの定義へと立ち返る。手元にあるストーリーは興味をかき立て、真実味があり、人を引き込む物語《ナラティブ》だろうか（事実の寄せ集めではなく）、また戦略的メッセージを伝えているだろうか。これらの要件を辛うじて満たしているというのでは失格で、すべてに優れたものでなくてはならない。

シグネチャーストーリーの効力と価値は、時とともに変わる可能性がある。テクノロジーの変化によって時代遅れの印象が生じたり、他の新たなストーリーの出現によって必要性が減ったりするかもしれない。時事的な内容のものも寿命が限られている。したがって、シグネチャーストーリーの効力と、そのメッセージが持つインパクトは、継続的に吟味する必要がある。衰えが見えたら、優先順位と資源配分を相応に調整しなければならない。

## 新鮮味を損なわない露出を心がける

単一の戦略的メッセージを伝えるストーリーセットの場合、発信するタイミングを慎重に計り、受け手に毎回ストーリーを受け入れてもらう必要がある。「またか、もううんざり！」とため息をつかれないようにするということだ。そのためには、新しいストーリーは真に新鮮で説得力がなくてはならない。

ブレンドテックとバドワイザーが定期的に提供する新しいストーリーは、視聴者を引き込み続け、人に伝えたくなるような内容だ。ブレンドテックが「混ざるかな？」チャレンジの新規ストーリーの展開に成功しているのは、そのすべてに緊張感と驚きを盛り込んでいるからだ。バドワイザーは毎年のスーパーボウルという周期でストーリーを思い出させ、忠実な愛好者たちに対し、期待通りの温かみと感動という満足を与えている。

ストーリーの「ファン」、つまり際立って印象的なコンテンツによって動機づけられる集団を持つことは重要だ。新しいコンテンツがファンの期待に応えることができれば、彼らはファンであり続けてくれ、その情熱がソーシャルメディアでの活気を生むことになる。大事なのは常にコンテンツである。シグネチャーストーリーを単なる惰性で発信し続けてはならない。

## 主導的なストーリーを設定する

ストーリー群のすべてが強いけん引力を持つということは、現実にはありえない。そこで、１つまたは数個のストーリーに主導的な役割を持たせる位置づけにする必要がある。ブレンドテックでいえば、クチコミで爆発的に広がった主導的または優先的なシグネチャーストーリーは、ｉＰｏｄを粉砕した回である。これほど人気の製品をミキサーにかけるという発想が非常に奇抜だったために、ほとんどの視聴者はストーリーを覚えているのだ。スカイプの場合、サラとペイジをめぐる一連のストーリーが膨大な露出を獲得したため、主導役となった。重要なのは、どれが主導的ストーリーたりうるかをなるべく早く見極めてテコ入れすることである。

プロフェットの場合、特に戦略的メッセージを伝える力が強いシグネチャーストーリーがいくつかあり、優先度を高くしている。その１つは、「脱キャリア」プログラムによって業界を再定義したＴ－モバイルのストーリーだ。このストーリーは、事業変革、ブランディング、顧客体験に関するプロフェットの組織能力を証明している。別の優先的ストーリーは、ザ・コスモポリタン・オブ・ラスベガスに関するものだ。競争が激しいホテル業界で同社が成功した一因には、サービス・イノベーションおよびブランド・ビジョンの創出と導入におけるプロフェットの能力がある。

プロフェットは経営資源と労力を費やして、優先的なストーリー群を露出させるために万全を期している。ストーリーのプレゼンテーションは人目を引く形で行い（可能であればクライアントと共同で）、ポッドキャストや記事も用意し、マスコミの取材につながるようなキャンペーンを立ち上げ、動画を作成してユーチューブや自社のウェブサイトなど各所にアップする（クライアントによる解説も入れる）。プロフェットの社内では、優先的なシグネチャーストーリーはイントラネット上の広報素材とブログ記事で紹介された後、ストーリー資源となり、自社の組織文化を構築する取り組みでも活用される。

## 複数のストーリーから1つのストーリーを再構成する

シグネチャーストーリーの過多に対処する別の方法は、合成ストーリーをつくることだ。個々のストーリーから細部を集めてそこに盛り込む。ドラマ要素は一部割愛してもよい。複数の顧客による複数の体験を組み合わせて、「典型的な顧客」を描き出すというやり方もある。チャリティ・ウォーターはアニメーション動画をつくり、清潔な水によって暮らしが変わった多くの人々のストーリーを組み合わせて伝えている。そこに描かれているのは、井戸が登場するまで多くの村落の家族が強いられていた典型的な暮らしだ。女性や少女たちは、水を汲むためだけに、バケツを頭に載せて長時間歩かねばならない。その後に井戸の登場と、そのおかげで生じた好ましい変化の数々が描かれる。ストーリーの冒頭で、清潔な水が手に入らない人は10億人もいるという事実が告げられ、以降は全体のあちこちに事実が散りばめられている。

## 相乗効果でインパクトを強化する

一連のストーリー群は互いに重なり合う部分を持つことで、単一のストーリーでは決して成しえない深みとインパクトをもたらすべきである。モルソンの例では、ホッケー愛というテーマを精緻化するストーリー群は、豊かさ、感情、深みを加えている。レオン・ビーンの釣りとアウトドアへの情熱を示すストーリー群も同様だ。バドワイザー・クライズデールも、複数のストーリーが組み合わされて受け手との感情的なつながりが強化されている（CMに加え、クライズデール自身に関するストーリー、そして彼らが育ち調教された素晴らしい牧場に関するストーリーを描いた動画群があり、相乗効果をもたらしている）。これらすべてのケースでストーリー群は相乗的に作用し、個々の総和以上のインパクトをもたらしている。

## ストーリーバンクを構築して有効活用する

シグネチャーストーリー過多に対処するもう1つの方法は、ストーリーを活用する担当者のために、ストーリーのデータバンクを設けることだ。このバンクはアクセスが容易でなくてはならず、最適なものが見つけやすいようにストーリー群をコード化すべきである。たとえばプロフェットでは、ストーリーバンクの利用者はさまざまな切り口でストーリーを検索できる。たとえば、業界（55件）、製品・サービス分野（11件）、時間軸（最近または2年以上前）、フォーマット（1ページ、複数ページ、動画）、クライアントなどだ。

ストーリーバンクはウェブサイト訪問者にとっても、最も有益なストーリーを見つけるうえで役に立つ。スカイプの場合はストーリー群を15の項目に分けている（演劇、アート／デザイン、美容、教育、食など）。スカイプ・フォー・ビジネスには、自社が制作した130を超えるストーリーから成るセットがあり、業界、製品、言語別に検索できる。

次の3つの章では、ブランドおよび関係性の構築における3つの主要な目的――ブランドの知名度と活力の向上、説得、触発――を、シグネチャーストーリーの力でどのように実現するかを考察していきたい。

第3章

# シグネチャーストーリーはブランドを強化する

情熱は力を与えてくれる。心躍る何かに集中すると力が湧いてくる。その力を感じてください。

——オプラ・ウィンフリー

## 圧倒的な注目を集めたシグネチャーストーリー

### 成層圏からのフリーフォール——レッドブル

エナジードリンク（高カフェイン飲料）のレッドブルは、2015年の全世界での売上げが60億ドル超に達するほどのブランドだ。同社は数々のオリジナルイベントを開催してブランドの知名度と活気を高めているが、そこではしばしば珍しい、ときに驚くほどの偉業が達成されている。たとえば、1992年から毎年世界各地で開催されているフルーグタグ（Flugtag）という競技では、参加者は自作した人力飛行機で、高さ約6～9メートルの桟橋から飛び立つ。審査基準は、飛行距離（最長記録は2013年、カリフォルニア・ロングビーチでの78・6メートル）、独創性、そしてショーマンシップだ（ローズボウルのパレードに出てもおかしくないような装飾が見られる）。競技のハイライトを伝える動画はレッドブルのシグネチャーストーリーであり、ユーチューブでの視聴数は1000万回を優に超え、同社ウェブサイトやその他の場ではさらに多く視聴されている。

そんなレッドブルのイベントの中でも群を抜いて驚異的なものは、フェリックス・バウムガルトナーの挑戦のライブ中継である。極薄素材でつくられたヘリウム気球「レッドブル・ストラトス」（Red Bull Stratos）に宇宙服を着て乗り込んだ彼は、ニューメキシコの砂漠上空約40キロメートルの成層圏《ストラトスフィア》まで上昇し、そこからダイブを行ったのである。９分間の降下中に時速１３５７キロメートルというフリーフォールの最速記録を打ち立て、パラシュートを開いて無事に地上に降り立った。約８００万人がイベントのライブ中継を視聴し、ユーチューブで見た人はさらに数千万人に上る。イベントの準備やその後の余波など、プロジェクトの諸要素に関する複数のストーリーも添えられた。

## 一口味わって、恋に落ちる――クノール・スープ

クノールのスープのカギとなる価値提案は、味わいである。同社のブランドチームはこのメッセージを、特にミレニアル世代（１９８０～90年代生まれ）に訴求したいと望んだ。*1 ブランドが必要としていたのは、ミレニアル世代のソーシャルネットワークで広く伝播するようなシグネチャーストーリーである。

同社の「#ラブ・アット・ファースト・テイスト（#LoveAtFirstTaste）」というプログラムは、1万２０００人へのアンケート調査に基づいている。回答者の78％は味の好みが同じ人に惹かれると答え、３人に1人は味覚の不一致によって関係が壊れる可能性を懸念していた。味の好みが愛情に影響を及ぼす、というこの刺激的なコンセプトは、実験で検証されることになった。参加者は初めて会う相手と食事デートをさせられるが、お互いの味の好みは似ている（クノール・フレーバー・プロファイラーというデジタルツールで事前に診断）。ただし条件として、互いに食べさせ合うことが義務づけられ、食べ物を自分で自分の口に運んではならない。実験に参加した7組

の男女の動画では、楽しく滑稽なひととき、そして相手を思いやる多くの瞬間が――キスさえも――展開された。これに付随する補助的な動画には、プロジェクトの舞台裏を見せるものや、参加者の中のある1組による後日のデートを記録したものもある。視聴回数はあらゆるプラットフォームで合計1億回を超え、この話題を取り上げた各種メディアでの露出は10億回を優に超えた。そしてミレニアル世代における購買意欲は、主要11市場でわずか数カ月のうちに14％向上したのである。

## 〝女の子らしく〟――オールウェイズ

生理用品ブランドのオールウェイズは、30年にわたり思春期の子どもたちを対象とする教育に携わってきたが、その取り組みに、さらなる活力と新しい世代の女性たちに訴求する方法が必要だと認識した。プログラムの軸となる思想は、自信と自尊心が低下しやすい時期の少女たちに力を与えることであり、それは「女の子らしく《ライク・ア・ガール》」という言葉を再定義することによって示された。

キャンペーンは3分間の動画から始まる。3人の若い女性を含むさまざまな参加者が、「女の子らしく走る演技」をしてほしいと依頼される。すると彼ら彼女らが見せたのは、女の子を揶揄するような姿だった。かかとを外側に跳ね上げて内股で走ったり、髪を気にしながら走ったりと、総じて不器用で運動音痴のような動きだ。参加者はその後、3人の10歳の少女が同じく「女の子らしく走る」という依頼にどう応えたかを動画で見せられる。その走りは力強く、自信に満ち、一生懸命で、優れた運動神経を感じさせる。それを見れば、多くの視聴者が誇らしくさえ感じそうな見事な走りっぷりだった。

３人の若い女性は動画を見た後、考えを変える。うち1人は、「女の子らしく」という言葉は思春期の少女を力づけるどころか、自信をなくさせると思う、と述べた。２人目は、なぜ「女の子らしく走る」という言葉が「競走に勝つ」ことを意味してはいけないのだろうか、と問いかけた。３人目は、走る演技をやり直して、今度は自分らしく走りたい、と言った。動画の最後は、「〝女の子らしく〟を素晴らしいことに変えよう」「オールウェイズ・ドットコムの活動に加わり、女の子の自信を支えよう」という呼びかけで締めくくられる。

この動画は米国で６０００万回以上、世界各地で２５００万回以上視聴された。アンケート調査によれば、キャンペーン開始以前には、16～24歳の女性で「女の子らしく」という言葉にポジティブな印象を持っていた人はわずか19％であった。しかし動画を見た後、この言葉をネガティブに感じることはもうなくなったと答えた人は76％に上った。さらに、動画を見た男性の３人に２人が、今後この言葉を使うときは、それが侮辱的な意味になっていないか考えるつもりだと答えた。

この動画を含むシグネチャーストーリー群のセットは、ソーシャルメディアへの働きかけを伴う継続的な「#女の子らしく（#LikeAGirl）」キャンペーンの基礎になっている。後続の動画の1つは、アメリカンフットボールのユースチームで女子クォーターバックとなったカーリー・ハーマンが主役だ。オールウェイズはさらに、「素晴らしい行動をツイートしよう」というプログラムを展開し、スーパーボウル中継のＣＭでは動画の圧縮版を放送した。

## シグネチャーストーリーを使うべき理由

シグネチャーストーリーは、ブランド認知を高め、活力を注入する手段として理想的である。注目を集め、人を引き込み、他の人にも伝えたいという気にさせるからだ。ストーリーをまとっていない事実《ファクツ》だけでは、たとえ興味深く説得力に富んでいても、そのような効果は期待できない。ブランドの知名度と活力は、ブランドを強くする大きな原動力であり、その影響は一般に思われているよりも大きい。

### ブランドの知名度を高める

知名度は強力なブランド資産である。人々は馴染みのあるものを好む。複数の実験結果によれば、ギリシャ語の単語（たとえば「ナイキ」）、音楽の断片（たとえば、インテルなどのCMのサウンドロゴ）、見知らぬ場所の写真といった刺激要素でも、単に繰り返し触れているだけでその対象への愛着が高まる。連想が無意識のうちに生じうるのだ。

とはいえ知名度の最も重要な役割は、ある用途とそのブランドを結びつける、つまり検討対象になるよう後押しすることだ。そのためには、ブランドの認知と信頼性が求められる。知名度はその両方を高めるのだ。

ブランド認知とは、どれを買おうかと検討するときに、そのブランドが必然的に思い浮かぶことを意味する。よく知られたブランドであれば、検討対象に入るチャンスが高い。知名度が下がるほど、思い出してもらえない可能性が高まる。

知名度はまた、信頼性を醸成もしくは強化する。あるブランドを頻繁に――あるいは競合ブランドよりも多く――目にした人は、このブランドはきっと市場に受け入れられているのだろう、つまりブランドとして約束を果たす能力があるのだろう、と思うようになる。結果として、そのブランドは検討対象に入り、購入候補から外す理由がなくなる。反対に、もしブランドが知られていなければ疑いが生じる。

知名度が暗示しうるのは、市場での支持だけではない。研究によれば、ブランドの際立った知名度は（政治家、映画スター、製品、サービス、組織など何であれ）成功のイメージにつながり、リーダーシップさえ感じさせる。ほとんどの人は、そのブランドの知名度がなぜ高いのかを詳しく調べる動機も能力も持っていない。

## ブランドに活気を与える

活気のないブランドは、3つの潜在的な危険を抱えている。第1に、活気は知名度を支える重要な原動力なので、活気を欠くブランドは忘れ去られるおそれがある。反対に活気が高まれば、ほぼ間違いなく知名度も向上する。第2に、活気を失ったブランドは、退屈で陳腐で古くさいという印象を与え、顧客の自己イメージやライフスタイルと合わないと見なされる。時代遅れになるということだ。第3に、活気の喪失は、ブランドイメージのカギとなる知覚品質や信頼や尊重といった要素の劣化と関連している。世界中のブランドでその種の劣化が生じている実態が、憂慮すべき証拠によって裏づけられている。

ヤング・アンド・ルビカムのブランド・アセット・バリュエーター(BAV)のデータベースは、1993年以降、40を超える国々の4万のブランドについて75項目を超える指標で評価しているが、ここにブランドの劣化が記録されている。[*2] たとえば1990年代中盤からの10~12年間で、ブランドの信頼性は約50%、尊重度は12%、知覚品質は24%低下している。なんと認知度さえ24%も下がっているのだ。この分析結果が発表された後も、劣化は続いている。[*3]

この事態を免れているのが、活気のあるブランドだ。イメージの悪化を防ぎ、財務業績に貢献する能力を保ち続けている。ブランドの活気が高まると、それが選ばれる可能性も株価も上昇することが証明されている。[*4]

この例外に該当しないブランドには活気が必要だ。活気は新しい製品によって生まれる可能性があるが、当然ながら、その製品が真に独創的で差別化され、人々のライフスタイルと情熱に対して意味を持っている場合に限られる。

新製品によるテコ入れよりも実現しやすいのは、スポンサーシップ、イベント、プロモーション、広告、社内向けや社外向けのプログラムによって活気を生むことだ。何によるものであれ、生み出された活気を人々に伝え、ブランドと結びつける必要がある。そこで大いに役立つのが、シグネチャーストーリーだ。レッドブルの成層圏ダイブのような興味深いものや、オールウェイズのキャンペーンのように人を強く引き込むものであれば特に有効だ。どちらのストーリーも

〝突出〟している。

なぜシグネチャーストーリーは、知名度と活気を獲得する強力で効果的な方法なのか？　それは、事実を提示するだけでは成しえない、決定的に重要な2つの目的を巧みに果たすからである。それが注目の獲得、そしてクチコミの誘発だ。それぞれについて述べた後、ブランドをどのようにシグネチャーストーリーに結びつけるかという重要な課題について論じることにしよう。

## シグネチャーストーリーは注目される

話し手が「こんな話《ストーリー》から始めさせてください」と言えば、聞き手は注意を向ける。話が一般論やストーリーを伴わない事実やプログラムに終始すると、受け手の集中力が途切れてしまうことは避けられない。だが、ストーリーによって興味をそそり、受け手の想像や共感を促すディテールを提示することができれば、注意を引きつけることができる。

次の一文を読んでいただきたい。

どんよりとした灰色の空から雨が降ってきた。1931年5月中旬、プロクター・アンド・ギャンブル（P&G）でキャメイ石鹸の広告マネジャーを務めるニール・マッケロイ28歳は、愛用のロイヤル製タイプライターに向かい、近代マーケティング史上おそらく最も重要となるメモをしたため始めた。

こう聞けば、あなたは耳をそばだてるのではないだろうか。なぜメモを書いたのか？　なぜ重要なのか？　この男は何者か？　彼に何があったのか？　あなたは注意を引かれ、もっと聞きたいと望んでいる自分に気づくはずだ。

ストーリーは人を引き込む。部下を集めて、「チームワークは君たちにとってプラスになる」と言ったところで、おそらく誰も興味を示さず、あなたのリーダーシップに冷ややかな視線さえ向けるかもしれない。言葉に実質的な意味を感じないのだ。そんな当たり前の訓示を垂れるより、自社で最も成功したチームに関するストーリーの1つでも話してみたらどうだろう。チームビルディングの取り組みによって文化が一新されるまで、いかにそのチームがバラバラだったかも語ろう。補強のためのストーリーとして、偉大なバスケットボールの監督――チームワークの重要性を語り、その通りに選手を導いて成功した監督――の話を添えてもよいかもしれない。聞き手の興味を引きつけるはずだ。

事実が概して注意を引きにくい理由は、顧客も社員も、製品やサービス、ブランドや企業の側が伝えたいと思っているディテールになど興味がないからである。それをとやかく言っても始まらない。彼らの関心事項は他にもたくさんあり、集中力は限られている。事実のセットは、耳に届きにくく咀嚼されにくいのである。

ここで、注意力《アテンション》には2つのレベルがあることを明確にしておきたい。1つは即時的な、短期間の注意力だ。[*5] 気づいていない状態から何かに気づく（目を向ける）という意味の注意力である。ストーリーの提示の仕方、特に出だしの文や、動画の最初の数秒は、受け手の短期的な注意力を大きく左右する。もう1つのレベルは、ストーリーへの関与、つまり最初の接触の後も継続する注意力である。ユーチューブに関する研究によれば、視聴者を動画にとどまらせるカギは、最初の15秒を見続けてもらうことだという。2つのレベルにはそれぞれ異なる難しさがあるが、互いに関連もしている。ある要素が短期的な注意力を喚起しうる場合、それは往々にして継続的な関与も促すからだ。

どんな性質のシグネチャーストーリーが、両方のレベルの注意力を引きやすいのだろうか？たくさんあるが、特に重要な5つを紹介しよう。

**◉新鮮さと斬新さ**　ストーリーの出だしの文や動画の開始数秒で、確実に受け手を引き込もう。このストーリーは何か普通ではないことを伝えようとしている、というシグナルを早い段階で発するのだ。そのシグナルは、登場人物やプロットによって発することができるし、プレゼンテーション方法そのものによって発してもかまわない。どんな方法であれ、「このストーリーは刺激的で、驚きや衝撃さえ与えるかもしれません」という約束を示すことだ。

**◉見返りを期待させる**　最初の2段落または動画の冒頭15秒で、ストーリーを見続ければ有意義な見返りがあるという期待を抱かせよう。見返りとは、たとえば有益な情報、見聞に値する娯楽、満足度の高い感情体験、受け手本人の見解やライフスタイルの肯定などである。受け手をストーリーにとどまらせるためには、それ相応の理由が必要なのだ。

**◉不確実性やサスペンス**　P&Gのマッケロイのストーリーのように、次に何が起きるのか、もっと続きを聞きたいと思わせることが重要だ。ただし、受け手にとって意味のある解決編を必ず設けること。終盤に向けてサスペンスを盛り上げ、受け手の注意力を高めるとよい。

**◉感情的関与**　登場人物とプロットの両方に対する感情的関与を誘発しよう。レッドブルのイベントでは、受け手はフェリックス・バウムガルトナーのことを気にかけた。彼の背景事情、気球での40キロメートル上昇、ダイブの瞬間から着地まで。オールウェイズのストーリーでは、「女の子らしく」の本当の意味を考える登場人物たちに、人々は感情的に引き込まれた。クノールの例では、「#ラブ・アット・ファースト・テイスト」の実験の序盤で登場人物たちが感じた戸惑いを、視聴者も感じることができる。

**◉わかりやすい提示スタイル**　バドワイザー・クライズデールのストーリー群では、愛らしい馬たちを主役とする優しく心温まる物語がこれから展開されることを、受け手はすでに知っている。ブレンドテックのシリーズでは、いまから愉快な実験のひとときが提供されることを誰もがわかっている。

## シグネチャーストーリーはソーシャルメディアで拡散する

シグネチャーストーリーを1人の受け手に注目してもらうことができれば、ソーシャルメディアを介して他の人々にも広がる可能性が生まれる。そうなれば見る人の数が増え、バイラルの域に達することさえありうる。シグネチャーストーリーが伝え広められることで、注目を獲得・維持する力も強化される。尊敬している人が発信したり、偏見がないと評価している人が推薦したストーリーなら、それに時間を割こうという気になりやすい。発信者は、人に何かを薦めるとき、いいかげんなことをして自分の評判を傷つけたくはないと思う。受け手もそれはわかっているから、最初から肯定的な態度でストーリーに接することになるだろう。

クチコミの威力は、多くの調査研究で立証されている。たとえば2017年の調査では、17の製品分野における約3200件のクチコミ（大半が英国でのもの）を分析したところ、購買確率に対する有意なプラスのインパクトが示された。同調査はまた、文脈の重要性に関する知見も提示している。[*6] そこから学べる要点の1つは、クチコミ効果は顧客の新規獲得とつなぎとめの両方に影響を及ぼすということだ。もう1つの要点として、顧客は自分のブランド判断を支持する好意的なクチコミは受け入れ、否定的なクチコミには抵抗を示す傾向がある。自分が使っているブランドと競合する他のブランドについては、好意的なクチコミ情報より否定的なクチコミ情報を受け入れる傾向が強い。

クチコミの威力は、社会学者エリフ・カッツとポール・ラザースフェルドの研究以降知られるようになった。彼らは1955年の名著『パーソナル・インフルエンス』で、影響力の2段階モデルについて論じている。ある概念がどのようにして人々に知れ渡るのかを理解するうえで、人間同士の直接的なコミュニケーションが重要なミッシング・リンクであった、という研究結果をまとめたものだ。[*7] 当然ながら彼らの時代には、1人の個人が影響を及ぼせる範囲は総じてかなり限られていた。せいぜい十数人か、それ以下だろう。しかしソーシャルメディア時代になると、その数は数百や数千、または数百万にさえ上ることがある。したがって、露出のすそ野を指数関数的に広げることが可能なのだ。ここでの課題は、昔もいまも同じように、コミュニケーションのネットワークをいかに活性化させるかである。

活性化のためにはまず、人はなぜストーリーを他者に伝え広めるのかを理解しなくてはならない。モチベーション研究の父アーネスト・ディヒターは1966年、クチコミによる説得に関して、いまでも価値のある研究論文を『ハーバード・ビジネス・レビュー』誌に寄稿した。そこで明らかにされたのは、ブランドや企業に関連するメッセージを他者に伝えようとするときには、4つの動機のいずれかが働いているということだった。[*8] ペンシルベニア大学ウォートン校のジョーナ・バーガーによる最近の研究は、これらの動機が今日のソーシャルメディアの世界でも顕在であることを裏づけている。[*9] 以下が4つの動機である。

### ◉製品やサービスに対する関心（ディヒターの調査では全体の約33％）

製品やサービスに対

する関心はストーリーを人に伝える動機になる。シグネチャーストーリーが奇抜で面白ければ、人に話したいという思いも強くなる。使用済みタイヤの返品に関するノードストロームのストーリーは、まさにこの条件に当てはまる。

◉**自分自身に対する関心**（約24％）　自分の知識や見解を人に伝える動機は、注目を獲得するため、見識を誇るため、自分が先駆者だと感じるため、事情通であることを示すため、自分の考えに賛同してもらうため、優位性を誇示するため、そして自己表現の場をつくるためである。オールウェイズの「女の子らしく」のストーリーをシェアするのは、自分もそのメッセージや目標とつながっていることを人に示すためなのかもしれない。

◉**他者に対する関心**（約20％）　救いの手を差し伸べたい、仲間意識を表明したい、思いやりや友情を示したいという動機で行う発信やシェアもある。友人にスカイプのストーリーを伝えるのは、遠方の親戚とつながるこんな方法もあると助言するためかもしれない。

◉**メッセージに対する関心**（約20％）　ストーリーが非常に愉快である、動揺させられる、興奮させられる、興味深い、有益な情報である、といった理由でシェアすることもある。レッドブルの例のように、「信じられる？」という思いでシェアをするのがこれに当たる。

シグネチャーストーリーが、深く考えさせる、他に類を見ない、有益な情報を与える、創造的な刺激を与える、強い関連性《レレバンス》がある、ユーモアがある、畏敬の念を起こさせる、といった面のいずれかで際立っていれば、受け手の中で4つの動機のいずれかが発動される可能性が高い。そうなれば、ＳＮＳ（ソーシャルネットワーキングサービス）空間を含め、随所で繰り返し語られる可能性が高まる。事実の提示だけで同様の効果を得ようとすれば、格段に高い水準の注目と興味を獲得できるような事実が必要となる。ブレンドテックの製品仕様だけを他者に伝えたいという人が、はたしているだろうか。

ソーシャルネットワークを効果的に活性化させるためには、目的に応じてさまざまな手段と方策を習得しなければならない。それがなければ、どれほど秀逸なシグネチャーストーリーでも持てる力を発揮することができない。手段のごく一部を挙げれば、適切な見出しをつくる、検索されやすさを最大化するためにキーワードを使う、多様なソーシャルメディアで横断的にストーリーを発信する、社員や友人にソーシャルネットワークへの働きかけを動機づける、などがある。

## シグネチャーストーリーをブランドに結びつける

シグネチャーストーリーがどれほど興味をかき立てるものであったとしても、ブランドと結びつかなければ意味がない。ストーリーだけ記憶に残って、ブランドが忘れられることさえある。どうすれば２つを結びつけることができるだろう？　さまざまな方法がある。

**◉ブランドを主役にする**　ブランドをシグネチャーストーリーの主役にすれば、Ｌ・Ｌ・ビーンやスカイプやブレンドテックのように、つながりが最初からストーリーに組み込まれる。ストーリーを思い出せば、自動的にブランドが想起されることになる。

**◉ブランドのシンボルを主役にする**　ストーリーによっては、ブランドに非常に近しい何らかの存在を主役にすることができる。バドワイザー・クライズデールのストーリーでは馬たちがそれに当てはまり、ブランドのシンボルとして受け入れられている。

**◉顧客の情熱をストーリーに反映させる**　ストーリーの内容自体はブランドと距離があったとしても、それが提示する価値観を顧客と共有することができれば、間接的にブランドとストーリーの間につながりが生まれる。少なくとも、つながりを心地よいものにできる。オールウェイズの成人顧客は、思春期の少女が抱えるようなアイデンティティの問題にはもう直面しないかもしれないが、少女への共感は確実に持っているだろう。モルソンのストーリーは、同社が顧客たちと同じホッケー愛を共有していることを明白に示している。

**◉支援プログラムにブランド名を入れる**　これもまた、ストーリーにブランドとのつながりを組み込む方法だ。化粧品会社エイボンによる「乳がん撲滅のためのエイボン・ウォーク」では、イベントに関わる個人のストーリーは、乳がんの闘病経験者やその家族・友人にとっては特別な意味がある。パンパースのウェブサイトは、多くの親にとって、赤ちゃんの育児に関する情報とストーリーが見つかる頼もしい場となっている。いずれも、ブランドはプログラムの一部であり、ストーリー群の一部でもある。

**◉ストーリーのスポンサーとしてのブランドを目立つ形で提示する**　シグネチャーストーリーの中で、ブランド名をシンプルな形で繰り返し提示するという方法である。これは、受け手がストーリーのメッセージに心から共感している場合には特に効果的だ。オールウェイズのストーリーがその一例である。

**◉コミュニケーションをストーリーに隣接させる**　第2章で紹介したシュワブとCNNが協力してつくったストーリーでは、「私の人生を変えた人」のストーリーの後で、すぐにシュワブの広告が流れた。それによって、投資行動で人生の「オーナー」になる顧客を支援するシュワブと、ストーリーのつながりが示された。

次の2つの章では、シグネチャーストーリーが行うべき主要な仕事を掘り下げる。社員と顧客を説得する（第4章）、受け手を触発する（第5章）という2つの仕事だ。

# 第4章 シグネチャーストーリーは説得する

真実は、裸で寒い思いをしていた。しかし、村のどの家からも門前払いされた。彼女の赤裸々な姿が人々を怯えさせたのだ。隅っこでちぢこまり、身を震わせ腹を空かせていた彼女を、たとえ話が目に留めた。気の毒に思ったたとえ話は、彼女を立ち上がらせて自分の家に連れ帰った。そして物語を着せてあげ、温めてから、外に再び送り出した。物語をまとった真実が再び家々を訪ねると、人々はすぐ中に迎え入れた。テーブルで食事をして、暖炉のそばで暖まりなさい、と彼女をいざなったのである。

——ユダヤの教訓

## 私がピアノに向かって座ると、みんな笑いました

過去100年で最高の印刷広告はどれか、という議論をすると、必ず候補に入るものが1つある。1926年、当時まだ経験1年の若手コピーライターだったジョン・ケープルズが書いた広告だ。有名なのはそのヘッドラインである。「私がピアノに向かって座ると、みんな笑いました。でも、弾き始めると！」

このコピーライターの任務は、USスクール・オブ・ミュージックが展開していたピアノの通信講座に人々を勧誘することであった。広告の紙面には、パーティでピアノを弾くために座ろうとしている若い男性のイラストがあり、その下に置かれたヘッドラインが場面設定をしている。そしてストーリーが広告本文で詳述される。主人公がピアノに向かって座ると、パーティの客たちは冷ややかに笑う。ところが彼が演奏を始めると、嘲笑は称賛と喝采に変わった。その才能は、通信講座によって花開いたものだ。

このシグネチャーストーリーは、通信講座を受講することで得られる感情面での便益《ベネフィット》、自己表現という便益、社会的関係性での便益を伝えている。感情の面では、プレッシャーを感じる状況の中で見事な演奏を披露できたピアノ演奏者の満足が伝わってくる。広告に接した人も、彼がやってのけたことに対して誇らしい気持ちになるだろう。自己表現という面では、主人公が示した根気、才能、そして疑いの目で自分を見ていた人々を見返すほどの能力が描かれている。社会的

関係性の面では、このピアノ奏者が周囲の人々の承認を得ただけでなく、敬意をもって仲間に迎え入れられたことが理解できる。

このようなインパクトは、ピアノの通信教育に関する事実を並べ立てても決して生まれない。無味乾燥な事実では、ピアノ演奏者のプライドや、彼が社交上どれほど魅力的な存在になったかはわからない。もし、それをストレートな事実として提示したら、無視や疑念、ひいては嘲笑といった反応さえ招きかねない。しかしストーリーは嘲笑されない。なぜなら、それはストーリーだからである。

## シグネチャーストーリーは「説得」する

事実のほうが便利で効率的にも思えるのに、なぜシグネチャーストーリーを使うべきなのか。

1つの答えは、ストーリーのほうがはるかに説得力を発揮するからだ。ストーリーは、受け手の連想《アソシエーション》と信念に影響を及ぼし、愛着《ライキング》を喚起し、行動と意図に影響するという点で優れている。

連想や信念を形成し強化することは、説得の最重要課題とされることが多い。連想や信念は顧客の選択、および顧客とブランドとの関係を左右するからだ。連想を形成するものは、製品・サービスの特性や便益だけではない。ブランドのパーソナリティ、組織の価値観、顧客特性、使用機会、自己表現便益や社会的便益、シンボル、シグネチャーストーリー、他にもたくさんある。

連想はブランド・ポジションの土台を成す。これを形成し強化するためには、まず次のような戦略上の重要な問いに答えなくてはならない。どのような連想が顧客の共感を呼び、競合他社との差別化をもたらし、自社ブランドによって提供できるのか？　どのような連想が、成功する価値提案とイノベーション戦略につながるのか？　現在と将来の製品・サービスを支えるために、どんな連想を創出、変更、または強化すればよいのか？

連想が影響を及ぼすのは、ブランドについての顧客の判断だけではない。顧客がどのようにブランドとやり取りをするのか、つまりブランドに関連する情報にどうアクセスし、処理するのかにも影響する。ブランド連想によって、情報を掘り下げる、無視する、改変する、ふるいにかけるといった行動が促されるのだ。

ストーリーが連想を喚起すると、その後に受け手が追加の情報を得たときの対応が変わる。まず、当該の製品や企業に関する否定的な情報は、無視するか疑う可能性が高まる。ブランドや新しい製品・サービスに関する好意的なニュースは、ストーリーとともに伝えられると、そうでない場合より歓迎されやすい。第3章で紹介したクチコミに関する研究のところでも述べたが、あるブランドを現在使用中の人は、それに対する否定的なクチコミには抵抗し、好意的なクチコミは受け入れる傾向が、使用していない人に比べて顕著であった。

説得力は、ブランドをめぐる愛着や行動にも影響を及ぼしうる。愛着の根底にあるのは、客観的な信念よりも、感情移入や、「これこそ自分にふさわしいブランドだ」という直感かもしれない。そして行動面では、受け手は説得されるとアクションを起こす。そのブランドについて他者に教える、ウェブサイトを訪問する、ブランドに関する情報を積極的に調べる、製品やサービスを購入または再購入するといったことだ。そうした行動は最終的に、市場でのブランドの将来性に影響を与える。

## 事実よりもストーリーのほうが説得力がある

ストーリーの説得力は、いつの時代にも知られていた。イソップの寓話や、宗教的な教えを説く書物で使われるたとえ話を考えれば、そのことがわかる。あるいは19世紀のベストセラー小説、『アンクル・トムの小屋』の影響力でもよい。ある学者によれば、この物語は南北戦争の結果に影響を及ぼしたという。北部での奴隷解放の気運を高め、英国に南軍への支援をやめさせるきっかけになったからである。[*1] 共鳴を呼ぶストーリーは、大きな力となりうるのだ。

ストーリー提示に代わるコミュニケーション方法が、事実の提示である。論理的思考に働きかけ、論拠の検証を促すものだ。第1章で述べた通り、この方法はマーケター、特にハイテクやB2Bの分野にいる人にとっては都合がよい。なぜならそこで前提とされる受け手は、適切な情報を咀嚼し、製品やサービスの機能的便益を重視し、合理的な意思決定をするという動機があるからだ。説得力のある事実を明確に提示すれば、誰もが受け入れるはずだ、というわけである。

だが、受け手は通常、情報を咀嚼して分析するために時間と労力を使おうという動機を持っていないことが判明している。その気があっても、自分の状況にとって意味のある情報を得て、それをもとに意思決定を最適化するために必要なもの――すなわち信頼できる情報、記憶力、論理的思考力、そして製品分野に関する情報さえ、十分にないのが普通である。[*2]

さらに言えば、多くの人は合理的な意思決定を行わない。そのことは、ダニエル・カーネマンをはじめとする行動経済学者らによって立証されている。たとえば、人は保険に関する意思決定をする際、潜在的な損失と、確率の低い出来事を過大評価する。また、2つの選択肢で高額のほうを選好する確率は、それよりさらに高額な3つ目の選択肢が加わると飛躍的に高まる（ただし最も高額な3つ目の選択肢を選ぶ人は少ない）。このような判断には合理的な理由がない。多くの研究が同様のことを立証している。

受け手が合理的で、動機もあるという場合でも、事実は退屈と思われるだけで、記憶に残りにくいかもしれない。第1章の冒頭で述べた、清潔な水を提供するチャリティ・ウォーターのプログラムを、事実のみによって伝えたらどうなるか考えてみよう。統計データは注意を引き、記憶されるだろうか。清潔な水が手に入らない人々の数は6億を超える。水を汲むために400億時間以上が費やされている。汚染水による死者は、あらゆる形の暴力による死者を上回る――悲しい事実だが、記憶には残りにくい。

一方、村の水管理組合の会長を務める15歳のナタリアのシグネチャーストーリーならば、記憶に残る。物語を伝えるプロの手になる紙媒体と動画には、ディテール、登場人物の成長、サスペンス、サプライズ、感情が豊かに盛り込まれている。第1章で述べたように、シグネチャーストーリーは事実を意味のある興味深いものにすることができ、事実を咀嚼する動機を提供することもできる。

あなたは、チャリティ・ウォーターをめぐるどちらのアプローチに関心を引かれるだろうか。事実のみか、それともシグネチャーストーリーによって動機を付与された事実だろうか。寄付をしようという気にさせるのはどちらだろう。定期的な支援者・推奨者になろうと説得させられるのはどちらだろうか。

## シグネチャーストーリーは「ブランド連想」に影響を及ぼす

これまでに登場したシグネチャーストーリーを振り返り、それらがどのようにブランド連想を創出、変更または強化し、ブランドのポジショニングを助けてきたかを検証してみよう。次のページの**表1**はそれらの連想を示した一覧である。

これらの連想によってブランドは、顧客との親和性、差別化ポイント、組織の戦略的方向性を示すポジショニングが可能となる。シグネチャーストーリーは、どんな主張よりも（たとえ事実に裏打ちされた主張であっても）、はるかに効果的に連想を刺激してブランドのポジショニングを助けることができるのだ。

シグネチャーストーリーは、ブランドの複数の側面に光を当て、それらを1つに結び合わせることができる。メイン・ハンティング・シューに関するL・L・ビーンのストーリーは、同社のイノベーションの文化、アウトドアへの情熱、顧客への献身を示している。それによってL・L・ビーンというブランド、そしておそらく同社のアウトドア用衣類というカテゴリー全体につ

**表1｜ブランド連想に影響を及ぼしているシグネチャーストーリー**

| シグネチャーストーリー | 創出または強化された連想 |
|---|---|
| チャリティ・ウォーター | • 村にとっての清潔な水の価値<br>• 清潔な水が人々の生活をどう変えうるか<br>• ナタリアのストーリー |
| モルソン | • ホッケーへの情熱<br>• 「雲海の中のホッケーリンク」のストーリー |
| ノードストローム | • 従業員に付与された大きな権限<br>• 返金保証<br>• 「タイヤ返品」のストーリー |
| テスラ | • 電気自動車の分野で最も優れた機能<br>• 持続可能性への使命――世の中をよくするため |
| トヨタ自動車・プリウス | • 効率的なエンジン――燃費がよい<br>• 環境への強い配慮 |
| バーバリー | • バーバリー・スタイル<br>• 「アート・オブ・ザ・トレンチ」――バーバリーを着た個々人の場面 |
| IBMワトソン・ヘルス | • IBMワトソンの能力と柔軟性<br>• 医療機関をエンパワーするIBMワトソン |
| コロンビア・ピクチャーズ・エンタテインメント | • 部門群は一致協力できる<br>• 組織は不可能と思えることでも達成できる<br>• 「アラビアのロレンス」のストーリー |
| スカイプ | • 人々を創造的な方法でつなぐテクノロジー<br>• サラとペイジをめぐる感動的なストーリー |
| ブレンドテック | • ブレンドテック製品の威力<br>• トム・ディクソンのパーソナリティ<br>• iPodでの実験 |
| クノール | • 味覚と恋愛関係の親和性<br>• 風変わりで創造的なブランド特性<br>• 「#ラブ・アット・ファースト・テイスト」の実験 |
| レッドブル | • エクストリーム系のアクティビティとイベント<br>• フェリックス・バウムガルトナーによる気球からの成層圏ダイブ |
| オールウェイズ | • 「女の子らしく」というイメージ<br>• 少女が持つべき健全な自己イメージ<br>• 少女から大人への移行を支援するブランド |

いて、顧客はさまざまな方向からアプローチしてくれるようになる。同社の価値観を列挙するという方法も可能だが、顧客が情報を咀嚼したり購入を検討するような段階になると、それらすべての価値観を体現するL・L・ビーンという存在を立ち上がらせるストーリーには及ばない。

## ストーリーは「愛着」を生む

スカイプやクノール、モルソンなどのシグネチャーストーリーを見るとわかることがある。ストーリーが好ましければストーリーの構成要素——特にブランド——も好ましく感じる、という直接的な因果関係が存在するということだ。心理学者はこのプロセスを、感情の移転（あるいは愛着の移転）と呼ぶ。ある対象への愛着は、関連する対象にも移転するのだ。文脈によっては「周辺経路《ペリフェラル・ルート》からの説得」とも呼ばれる。なぜなら、受け手の信念に働きかける論理的説得ではなく、他のコミュニケーション要素、たとえば好きか嫌いかといった要素による説得だからである。

多くの古典的研究が、広告において感情の移転が生じることを立証している。[*3] それらの研究結果によれば、広告への愛着はブランドへの愛着に移転するが、その移転は広告の内容以外の要素によっても生じる。この知見は、広告に影響力を与える重要な要素の存在を指し示している。そして、シグネチャーストーリーからブランドへの感情の移転は、広告からブランドへの移転よりも大きいはずだ。なぜならシグネチャーストーリーは通常、より強い愛着と感情を喚起するからである。

ストーリーへの愛着がインパクトを生むことは、他の研究によっても判明している。それによれば、テレビ番組への愛着は、番組内の広告およびそのブランドに移転するという。[*4]テレビ番組ではストーリーが展開することが多いので、この研究は、ストーリーへの愛着がブランドへの愛着に影響するという仮説の裏づけとなる。

## ストーリーは「行動」に影響を及ぼす

ストーリーの形で提示された事実は、事実だけが提示された場合より、受け手の行動や意図をより大きく変える効果がある――この仮説は多くの研究によって支持されている。それらのほぼすべてが、同一の情報を異なる表現で提示する比較実験を行っている。たとえば、文章を構成する単語は同じで、ストーリーの形式を取る一連の文章と、そうでない一連の文章の影響力を比較したものなどがある。[*5]

ペンシルベニア大学ウォートン校のマーケティング学教授、デボラ・スモールと2人の同僚が行った、慈善事業への寄付に関する古典的な実験を考えてみよう。回答者を2つのグループに分けて、一方には寄付金の必要性を示す説得力に富む一連の事実を伝える文章が渡され、他方には寄付金を必要としている特定の個人のストーリーを伝える文章が渡された。[*6]回答者には、実験に参加した謝礼として5ドルが与えられ、渡された文章（事実またはストーリー）を読んだ後、謝礼の一部を当該慈善事業に寄付できると知らされた。どちらのほうが説得力があっただろう？

寄付をより多く集めたのはどちらだろう？　以下がその2つの文章である。

**「事実」を伝える文章**

マラウィでは、食料不足によって300万人以上の子どもたちが影響を受けている。ザンビアでは、厳しい降雨不足によって、2000年以降トウモロコシの生産量が42％減っており、推定300万人が飢餓状態にある。アンゴラでは、400万人（人口の3分の1）が家を捨てて避難生活を余儀なくされている。エチオピアでは、1100万人を超える人々が緊急の食糧援助を必要としている。

**「ストーリー」を伝える文章**

あなたの寄付は、アフリカのマリに住む7歳の少女、ロキアちゃんに届けられます。ロキアちゃんの家族は貧しく、飢えの脅威にさらされ、餓死のおそれさえあります。あなたの寄付で、彼女の人生が開けます。あなたのような思いやりのある方からの支援により、セーブ・ザ・チルドレンはロキアちゃんの家族や地域の人々と力を合わせ、彼女に食事と教育、基本的な医療を提供します。

論理的には、事実を記した文章のほうが説得力があるはずだ。しかし結果は、前者の事実を伝える文章を読んだグループによる寄付は平均1・14ドル、後者のストーリーを伝える文章を読んだグループは2・38ドルで、2倍以上の差でストーリーのほうが説得力があることが示されたのである。

このような結果は他の実験によっても裏づけられている。一例として、「ストーリー化された」製品には大きな価値があることを示した「大切なもの」という実験プロジェクトを挙げることができる。ジョシュア・グレンが行ったこの実験では、フリーマーケットやリサイクルショップで買い集めた安価な品々（スノードーム、ボタン、奇妙な置物など）が、短いストーリーを書き添えられたうえでイーベイのオークションに出品された。すると、買った元値の50〜100倍で売れたのである。[*7]

研究から得られる総合的な知見として、次のことがいえる。ストーリーのインパクトがより大きくなるのは、それが注意を引き、ディテールが示され、受け手との間に感情的なつながりを生み、豊かなイメージを伴い、舞台となっている空間や時間が受け手にとって現実的な意味がある場合である。

## なぜストーリーには説得力があるのか？

ストーリーが有効である理由の1つは、人を引き込むからだ。心理学者はこのプロセスを「ナラティブ・トランスポーテーション」〔物語への移入〕と呼ぶ。受け手は現実の世界を離れ、ストーリーや物語《ナラティブ》の中へと連れていかれるわけだ。物語への移入を生む要因の1つは、登場人物に共感し、その人物の体験を理解する受け手の能力である。別の要因は、視覚的イメージだ。受け手はプロットの鮮明なイメージを（たとえ画像が添えられていなくても）思い描くことで、現実から一時的に離れ、自身がストーリーを直接体験しているように感じる。

物語に移入するとき、説得の作用が生じていることが研究で立証されている。2000〜2013年に発表された76の論文における、132の実験を検証した研究がある。それによれば、物語への移入の度合いが深まるほど、ストーリーにまつわる連想・信念、愛着・態度、行動・意図に関して統計的に有意なプラスのインパクトが生じる。そして、批判的な思考が弱まる。[*8] ストーリーに真実味があるほど、そのインパクトも強い。[*9]

なぜストーリーは説得力を発揮するのだろうか？　いくつかの説明が可能だ。

## ❶受け手みずからが論理を構築する

人はストーリーの論理をみずから導き出す。研究結果によっても常識によってもわかることだが、誰かから教えられたことより、自分で発見したことのほうがインパクトが大きい。[*10] 第2章で紹介したブレンドテックが、自社のミキサーは強力で頑丈だと単に謳うのみであったら（たとえ信憑性のある参考データを併記することでも）、どうなるだろうか。視聴者に目の前で起こる「混ざるかな？」の実験をみずから吟味させる場合に比べ、説得力は大幅に劣るだろう。ストーリーは、「4」に至る道筋として「2＋《プラス》2」を伝える。単に「4」とだけ伝えるのではない。

## ❷反論を誘発しない

ストーリーは反論を抑制することで説得力を発揮する。疑念を逸らし、鎮めることができるのだ。さまざまな研究で、ストーリーが事実への対抗・反撃の意図を阻《はば》むことが立証されている。[*11]さらに、ストーリーで示される信念は、反論や反証を招かないゆえに説得力を持つ。ストーリーが特に効果を発揮するのは、すでに強い信念を持っていて、反論の気配が濃厚な受け手を説得する場合だ。ストーリーがなければ、どんなに説得力のある事実も強固な信念の前には驚くほど無力で、それを変える効果はない。[*12]そのことを示す、レオン・フェスティンガーの研究チームによる古典的な研究がある。あるカルト集団が、大洪水によって世界は破滅するという予言を信じていた。予言されていた当日、何事も起こらなかった。しかし彼らは、信仰心をいっそう強固にしたのである。[*13]事実は信念をゆるがすほど決定的ではないのだ。

反論は、2つのレベルで説得を試みる側を攻撃するので、反論の意図を逸らすことには二重のメリットがある。2つのレベルの攻撃とは、主張そのものに対する攻撃と、その主張を支えている証拠や代弁者の信頼性に対する攻撃だ。後者のレベルで攻撃を受けると、今後の主張も、同じ論拠に基づく限りは反論を受けて効力が弱まることになる。たとえば、小売業者が素晴らしいショッピング体験を提供するという事実を提示しても、それが反論を招きやすいものであれば、それ以後発表されるサービスプログラムがすべて疑いの目で見られかねない。反論が同じパターンで繰り返される可能性が高いからである。

### ❸ 愛着と行動に影響を与える

シグネチャーストーリーが引き起こす感情反応は、ブランドへの愛着と行動に影響を及ぼしうる。消費者の意思決定においては事実よりも感情のほうがしばしば重要となる、という前提は、広告や消費者行動、心理学に関する多くの理論と実験で裏づけられている。ある一連の研究で脳画像の分析をしたところ、ブランドを検討している最中の消費者は、主に情報よりも感情を用いていることが判明した。ストーリーは、感情を喚起または高揚させる手段として最適である。

### ❹ 真実味と信憑性がある

事実のみを用いて説得を試みる人よりも、ストーリーテラーのほうが得てして真実味と信憑性があり、好感が持てる。ブレンドテックの例では、トム・ディクソンが説得力に富むのはまさにストーリーを伝えているからだ。

### ❺ 記憶に残る

最後に、ストーリーは記憶に残ることで説得力を発揮する。受け手は事実の列挙を超える何かを示されると、より注意を払い、引き込まれる。結果として、それは記憶に残りやすい。加えて、ストーリーが多数の情報をまとめてくれるため、簡単に思い出すことができる。ストーリーは多数の事実としてではなく、１つのまとまりとして記憶され、思い出されるのだ。

心理学を含む諸分野における多くの実験で判明しているが、ストーリーは事実よりも格段に記憶に残りやすく、そのストーリーが人を引き込んで感情に訴える度合いが強いほど、思い出してもらえる回数も増える。以下はそうした例の一部である。

◉スタンフォード大学教授のチップ・ハースが行った実験では、まず学生に米国の犯罪統計データを紹介したうえで、各学生に自分のグループの8人に対し、1分間のスピーチをするように求めた。スピーチのテーマは、なぜ犯罪は深刻な問題なのか、または、なぜ犯罪はそれほど深刻な問題ではないのか、ということに設定された。別の無関係な作業を間に挟んで、今度は学生に、自分が聞かされた1分間スピーチの内容を思い出して書き記すよう求めた。統計データをストーリーの形で提示したスピーチは全スピーチの10％だけで、スピーチの90％は統計データをそのまま使ったものであった。それにもかかわらず、学生の63％はストーリーを思い出し、何らかの統計データを思い出した学生は5％しかいなかった。[*14]

◉心理学者アーサー・グレイサーの研究チームは、複数の短い文書を用意して、なじみがあるか、面白いか、物語としての強さがあるか、という3つの基準で順位づけした。被験者は物語としての強度が高い文書を、そうでない文書の半分の時間で読み、2倍の確率で記憶にとどめていた。他の2つの基準は、結果にほとんど影響を及ぼさなかった。[*15]

◉カリフォルニア大学アーバイン校の研究チームは、被験者に2種類のストーリーを見せた。

内容は同じだが、一方は感情を高揚させる言葉が使われていた。その結果、感情的高揚によって長期記憶が強化されていることがわかった。[*16]

◉物語の感情強度が強まると、物語の記憶、そして内包される情報に関する記憶も強くなることが、多くの実験で判明している。ストーリーに引き込まれて登場人物に共感することで、感情の喚起や高揚が生じうる。[*17]

## サブカテゴリーを制圧するフレーミング

シグネチャーストーリーにとって、説得力を駆使して追求するさらに野心的な目標は、サブカテゴリーをポジショニングまたはフレーミングする〔枠組みを固める〕ということだ。ブランド連想の1つか複数の連想が、十分な数の顧客にとって必須要件《マストハブ》になるとき、サブカテゴリーが生まれる。そうなれば、ブランドはそのサブカテゴリーを象徴するエグゼンプラー〔代表例〕になる。サブカテゴリーで認知と信頼を得たブランドのみが、その市場で有効となる。したがって、市場で勝つことの定義は、「ブランド選好をめぐる競争に勝つ」ことから、「サブカテゴリーで意味のある存在《レレバント》になる」ことに変わる。売上げを伸ばすためには、新たなサブカテゴリーを創出することが、常にといってよいほど必要である。

しかし、新しいブランド連想（または既存のブランド連想）を必須要件の地位に押し上げ、購入対象を変えさせるにはどうすればよいのだろう？　難しい課題だが、シグネチャーストーリーはその面でも重要な役割を果たすことができる。サブカテゴリーのメッセージを市場に浸透させて共感を呼ぶことができるからだ。

本書で紹介した多くのシグネチャーストーリーは、さまざまな連想を強化することで新たなサブカテゴリーを創出したということができる。具体的に言えば、視覚的につながる機会（スカイプ）、並外れたエネルギー（レッドブル）、圧倒的な粉砕力（ブレンドテック）、気候変動対策としての電力（テスラ）、ピアノ講座を修了することで得られる社会的関係における便益（ＵＳスクール・オブ・ミュージック）といったサブカテゴリーである。どのケースでも、シグネチャーストーリー（またはストーリー群）が、サブカテゴリーを定義づける連想を目に見える形で提示し、信頼感を高めている。

サブカテゴリーのフレーミングに成功した取り組みの例として、クラフト社のディジョルノ・ピザを紹介しよう。このブランドは１９９５年、事前調理済みでない新鮮な冷凍生地を使った「生地が立ち上がる」ピザとして売り出された。このイノベーションによってクラフトは、宅配ピザと同等以上の品質を、より手軽に、半分の値段で提供するピザ、というディジョルノのポジショニングに成功した。それは、「冷凍ピザの手軽さと値段で宅配ピザの品質」という新たなサブカテゴリーをフレーミングし、ディジョルノをそのエグゼンプラーにしたのである。

ディジョルノのフレームは、一連のシグネチャーストーリーによって形成され、「宅配ピザではありません。ディジョルノです」というタグラインを軸にした長期的広告キャンペーンで提示された。立ち上がる生地という特長は、たいていストーリーに結びつけられて提示される。ディジョルノに雇われたものの仕事がない宅配担当者の姿を描いたストーリー。フットボールを観戦中の4人が、ディジョルノのピザをつまみながら、宅配ピザの不均一でふやけた生地と比較しているというストーリー。ピザを食べているカップルが、宅配ではないのだからチップを払う必要もないことに気づくというストーリー。20年以上にわたって、こうしたストーリーが次々と登場し、そのすべてが宅配に匹敵するピザを手軽に安価で楽しめる点をアピールしている。

サブカテゴリーのフレーミングに成功しても、長続きしなかったり、競合ブランドが機能を向上させて同様に有効性を高めれば、あまり意味がなくなってしまう。そこで、エグゼンプラー・ブランドは何らかの方法で参入障壁を築く必要がある。たとえば、継続的なイノベーションによって必須要件《マストハブ》の基準を高める（テスラ）、決定的に重要な側面で期待に応えることで独自の強みを持つ（トヨタ自動車・プリウス）、顧客にロイヤルティを植えつける方法を見出す（スカイプ）などである。シグネチャーストーリーの継続や新たな提供も、障壁の形成につながる。

## シグネチャーストーリーを生かし続ける方法

ストーリーを一度聞けば通常、それを再び聞こうという動機は生じない（釘付けにさせられるほど面白ければ別だが）。ゆえに、最良のシグネチャーストーリーでも多くは風化していくリスクをはらんでいる。どうすればそれを防げるだろうか？　1つの方策は、〝トリガー〟を見つけることだ。つまり、ストーリーとブランドに結びつき、強く想起させる、何らかのコンセプトや対象物である。[*18] なかでもシンボルとイベントは、効果的なトリガーになる。

第2章で述べたように、バドワイザーというブランド、および1996年からスーパーボウル広告に名を連ねてきた同ブランドのシグネチャーストーリーにおいて、クライズデールは強力なシンボルである。ストーリーは、温かい関係、忠誠心、完璧な行動基準が馬たちを通して強調されている。受け手はクライズデールを見れば、ストーリーの詳細を思い出さなくてもブランドをただちに想起する。クライズデールはバドワイザーそのものなのだ。クライズデールを見せ続ければ、ストーリーは生き続ける。10頭編成〔8頭が馬車を曳き、2頭が控えとなる〕が3つ、世界中をツアーで回り、数百ものイベントに登場している（ローズボウルのパレードには半世紀以上前から参加している）。

シンボルは、社員にもシグネチャーストーリーを想起させる。メイン州フリーポートのL・L・ビーン旗艦店の前には、元祖ビーン・ブーツをかたどった像があり、ブーツの巨大レプリカを車体にした乗り物が全米を回っている。ヒューレット・パッカード（HP）の場合は、現場のエンジニアが必要とする製品をつくるために起業したビル・ヒューレットとデイブ・パッカードのストーリーは、いまも残るHPのガレージによって鮮明に象徴されている。ガレージやその画像・映像を見た人は、起業のストーリーと、そこに象徴される顧客中心のイノベーションを思い起こす。

シグネチャーストーリーとブランドを記念し、今日の顧客にとって意味のあるものにするには、イベントという手段がある。アップルは2014年にMacの30周年を記念すべく、元祖マッキントッシュのストーリーと、1984年の発売当時の有名な同社広告をサブストーリーとして提供した。その一環で公開された短編動画がある。世界各地で15人の撮影クルーによって、iPhoneのみを使って1日で撮影されたものだ。この動画は、人々がMacやiPhone、iPadを使って、日々の生活で偉業を成し遂げている姿を鮮明に映し出している。この記念日は、人々にMacの伝統をめぐるシグネチャーストーリーを思い出させただけでなく、その伝統を今日のアップルの製品と価値観にも結びつけたのである。

イベントは、組織にシグネチャーストーリーを想起させるトリガーにもなる。たとえばL・L・ビーンは、レオン・ビーンのイノベーション精神を最も体現した社員に、元祖ブーツの複製品を贈呈してもよいかもしれない。ノードストロームは、顧客サービスで卓越した行動を実践した社員に、2本のすり減ったタイヤのレプリカを贈呈する表彰イベントを設けてもよいのではないだろうか。

次章では、おそらく最大の困難でありチャンスでもある課題に目を向ける。シグネチャーストーリーを用いて、顧客と社員を触発するという課題だ。

第5章

# シグネチャーストーリーは価値観を伝える

言い伝えによれば、ロンドンのセント・ポール大聖堂を設計したサー・クリストファー・レンはある朝、建設現場で足を止めた。そこで同じ作業をしていた３人の作業員に、何をしているのかと尋ねた。すると三者三様の答えが返ってきた。１人目は「この石を切断しています」と言い、２人目は「ここで１日に３シリングと６ペンスを稼いでいます」と答えた。３人目は、体を真っすぐに伸ばし、胸を張って、木槌とノミを持って答えた。「私は、サー・クリストファー・レンがこの素晴らしい大聖堂を建てるのをお手伝いしています」

# 子どもに5歳を迎えさせよう——ライフブイ

1894年に英国のユニリーバが発売した殺菌石鹸のライフブイ〔救命浮輪の意〕は、いまではグローバルなブランドとなっている。そして今日、インドやインドネシアを含む一部の国々で、子どもたちの命を救うという高次の目標を掲げて活動している。正しい手洗い習慣を普及させるための、「子どもに5歳を迎えさせよう《ヘルプ・ア・チャイルド・リーチ・ファイブ》」キャンペーンだ。毎年200万人の子どもたちが、5歳の誕生日を迎える前に死亡している。その原因は、下痢や肺炎といった、適切な手洗いによって発症を劇的に減らせる病気である場合が少なくない。

「子どもに5歳を迎えさせよう」のプログラムは、創造的かつ大規模に展開された。児童たちは教室で、漫画や歌、ゲームやご褒美が入った子ども向けの教材を通じて、効果的な手洗い習慣を続けるよう促された。ヒンズー教の祭日には、250万枚以上ものロティ〔薄い形状のパン〕に「今日はライフブイで手を洗った？」という文言が焼印された。プログラムに関わった子どもたち、親、教師、学校やイベントのストーリーが、数十の動画を通じて伝えられた。トリプル・パンディット〔サステナビリティ関連のニュースサイト〕のレオン・ケイによれば、メッセージに触れた人々の数において、これは世界最大のCSR〔企業の社会的責任〕プログラムになったという。*1

この取り組みで転機となったのは、インドのテスゴラ村で試験的プログラムを始めるという決定だ。この試みによって村での下痢の発症率は36％から5％に減少し、これを題材にシグネチャーストーリーが3分間の動画として制作された。動画では、1人の父親が、神の恵みを求めて近隣の寺院へと向かう道すがら、田畑や水たまりや階段を逆立ちで進んでいく。村の人々が音楽をかき鳴らしながら彼の後についていく。なぜ、こんなに遠くまで逆立ちで行くのか？　やがて視聴者は理解する。これは、神に感謝を捧げる際に何か特別な努力をするという、地元の習慣なのだ。とはいえ、これほど難しい努力は他に類がない。この父は、息子が5歳を迎えることができた喜びで一杯だったのである。

2本目の動画では、いつも木のそばにいる女性、ウタリが登場する。彼女はその木に水をやり、木の横で踊り、木に近づく水牛を追い払い、木にリボンを巻き、木とともに夜を過ごす。他の誰もそんなことはしないのに、なぜだろう？　動画の中盤で、夫が彼女にこう語りかける。明日は大事な日——息子が5歳になる日だ、と。

そして視聴者は知る。村では子どもが生まれると、木を植える習慣がある。出産から5年後、多くの母親は子どもを失っており、木だけが残される。ウタリもそうした母の1人であり、亡くした息子のかわりに木を愛おしんでいるのだと。

3本目の動画に登場するのは、これから生まれてくる予定の女の子、チャムキだ。画面に映し出されるのは7年後の未来のチャムキであり、美しく幸せな子に育っている。彼女は母にお礼を言う。寝る前に本を読み聞かせてくれたり、いろいろと世話をしてくれたりすることを。そして彼女を安全に育てるために、母が手を洗ってくれることを。このストーリーは母親らしさについて、そして子への愛情についての新たな視点をもたらしている。
3本の動画は4400万回以上視聴され、2020年までに10億人の手洗い習慣を改善し、毎年推定60万人の子どもを死から救うというライフブイの目標を後押ししてきた。のみならず、動画は敬意、愛着、共通の価値観を生み出すことで、ライフブイというブランドを向上させた。これらの動画に説得力がある理由をいくつか挙げよう。

**◉内容が説得力に富む**　受け手は序盤で、登場人物の感謝の表現に好奇心をそそられるが、その理由が明らかになると情緒的満足を覚える。動画のインパクトは、プロフェッショナルな制作品質によって強化されている。

**◉世界的な問題に挑む、心に響くプログラムを描いている**　どの動画も最後に、数百万人の子どもたちが5歳の誕生日を迎える前に死亡しているという情報と、ライフブイの取り組みの概要を示すメッセージを伝えている。

**◉内容がライフブイとその手洗い普及の取り組みに直結している**　動画やイベントを含め、「子どもに5歳を迎えさせよう」プログラムのすべての側面に、ライフブイが支援しているという形跡・事実が見て取れる。そのメッセージは、殺菌石鹸メーカーとしてのライフブイの伝統によって強化されている。

**◉著名人の協力を得ている**　インドの映画スター、カジョルはプログラムを後押しするために、インタビューと動画制作に携わっている。彼女は人々に、動画を他者に伝え広めるよう促した。

## 高次の目標とは何か

高次の目標とは何か。それは単に製品・サービスを売って収益と利益を増やすことよりも、もっと高い次元にある目的意識のようなものだ。それは社員と顧客に、「それをするのはなぜか？」という問いへの答えを示すものである。ライフブイは、ただ使いやすい衛生用品を製造して販売しているだけではない。健全な衛生習慣を普及させ、10億人に正しい手洗いを促し、母親と父親に子どもの死を経験させないための取り組みも行っているのだ。

大半の企業は、高次の目標を積極的に創出し推進しようと努めている。企業によっては、社員や顧客を触発する製品やサービス、用途を生み出すという挑戦が、そのままその目標に相当する。アップルの場合、「とんでもなく偉大」な製品をつくれ、というスティーブ・ジョブズの有名な忠告、そして彼の情熱にまつわる伝説的なストーリーが、いまもなお息づく同社の目標を反映している。シュワブの目標は、投資家に自身のポートフォリオ戦略を積極的に管理して「オーナー」になってもらうことである。

ほとんどの企業にとって、高次の目標には1つまたは複数の社会貢献や環境保護の目標が含まれる。場合によっては、製品・サービスの目標が、そのまま社会貢献や環境保護の目標と重なることもある。たとえばテスラの目標は、エネルギーを節約し気候変動の進行を遅らせる電気自動車をつくることだ。だが、たいていの場合、高次の目標のためには、製品・サービス目標と一緒に推進できる社会貢献や環境保護の目標が必要である。たとえばウォルマートは、複数の社会貢献や環境保護の目標と併せて、「お金を節約し、よりよい暮らしを」というフレーズで表される製品・サービスの目標を掲げている。

## 高次の目標を掲げるときに克服すべき課題

中身のある高次の目標があっても、それだけでは十分ではない。コミュニケーション上の２つの課題を克服しなくてはならない。第1に、組織内で信頼を得て、明確化を図ること。これが難しいのは、高次の目標の根拠が社員にとって明白とは限らないからだ。第2に、組織の外で信頼を得ること。これも難しい。顧客をはじめ多くの人々は、そうしたプログラムやコミュニケーションを独善的で中身がないと見なす傾向があるからだ。

この課題に対処するうえで、高次の目標についてのシグネチャーストーリーが格好の手段となる。社員と顧客の両方を触発しやすいからだ。人の心を動かすためには、心を高揚させる、より強烈なインパクトが必要となる。高次の目標に関する感動的なストーリーは、一般的なシグネチャーストーリーより、興味深さ、真実味、引き込む力が強い。背景となっている状況によって登場人物への共感が生まれやすく、テーマは人を引きつけ、感情を動かす。つまり、いっそう強化されたシグネチャーストーリーであり、背景に流れる情報から前景に飛び出してくるストーリーだ。

## シグネチャーストーリーで受け手を巻き込む

高次の目標をめぐるシグネチャーストーリーが、人々の生活に直接関わるプログラムや目標に基づいている場合、受け手を巻き込む度合いはさらに高まる。人々はボランティア活動に参加したり、お金を寄付したり、ストーリーについて人と話し合ったり、SNSで広めるよう動機づけられるかもしれない。いつか時が来れば積極的な関与に転じる可能性のある、「無言の支持」をしてくれるかもしれない。何の反応もなく終わることは稀である。

もしも組織が、前述したコミュニケーション上の2つの課題に事実の提示のみで対処したらどうなるだろう？　たとえば、「当ブランドは学校での科学教育を支援しており、環境保護にも真剣に取り組んでいます」とだけ述べ、あとは受け手の敬意を暗黙裡に求めるだけという場合を考えてみよう。こういうやり方は注目を集めにくいだけでなく、独善的で中身がないと見られかねない。このブランドもしくは企業は、愛着や敬意を金で買っており、根底にある問題には興味がないのだろう――そんな認識が、会社の中でも外でも生じかねない。本気度とハートが見えにくいのだ。高次の目標をめぐるシグネチャーストーリーなら、そんな事態を招くことはない。

## 高次の目標は感動と敬意を生む

強く感情に訴えるライフブイの動画のストーリー群は、興味深さ、真実味、引き込む力という尺度で高得点を獲得している。木のそばで踊るインド人の母や、逆立ちで歩く父は、明らかに興味をかき立てる。この人たちは何をしているのか？　理由は何なのか？　どの動画にも真実味がある。実在する人が実際の問題に向き合う、リアルなストーリーだからだ。石鹸の販売との明らかな関連はないが、描かれるライフブイの取り組みには実質的な中身がある。最終的に、登場人物と感情に訴えるプロットが、視聴者の思いやりを喚起し、プログラムを支援したいという気にさせる。他のシグネチャーストーリー、たとえばクノールの「#ラブ・アット・ファースト・テイスト」や、ブレンドテックの強力なミキサーの動画は秀逸だが、ライフブイの高次の目標に根差したテーマがもたらすような深みとインパクトには欠ける。

ウォルマートの場合、環境を守るという高次の目標には、その誕生にまつわるシグネチャーストーリーがある。それは2004年、当時ウォルマートの会長だったロブ・ウォルトンが環境保護団体コンサベーション・インターナショナルのCEOとともに、ダイビングとキャンプの旅に出かけたことから始まる。キャンプファイヤーのそばで語らう2人の情景や、そこで持ち出された、環境プログラムのリーダー企業になってほしいという依頼がウォルマートにとっていかに難しい課題であったかは、容易に想像できる。

その後、幹部レベルの話し合いが持たれ、広範な分析と検証を経て、大きなコミットメントが表明された。配送、店舗オペレーション、環境に配慮した製品とパッケージングなどの領域で、大規模なプログラムが導入された。その結果、国レベルでインパクトがあるほど大きな省資源につながり、さらに2つの予期せぬ恩恵がもたらされた。まずエネルギーコストの削減と、新製品に対する顧客の反応が、収益に大きく貢献した。

そして従業員にとって喜ばしいことに、ウォルマートをめぐる論調が変わった。従業員の待遇などの諸問題で、とかく物議を醸していたウォルマートだが、いまや一部から環境保護の模範と目されるようになったのだ。ある記事には、「ウォルマートを嫌うことは難しくなりつつある」という見出しが付けられた。

シグネチャーストーリーは、共通の信念や価値観に対する感情的なつながりを喚起することで、人々を触発することができる。オールウェイズの「女の子らしく」というメッセージは、ほとんどの女性と多くの男性の心に響く。なぜなら彼ら彼女らは、自分の生活で接する人とメッセージを関連づけることができるからだ。そして、新しい考え方に光を当てることができるブランドに対し、誇らしい気持ちを抱くのである。

サービス業では、議論の枠組みを「サービスの特徴」から「顧客体験をめぐるシグネチャーストーリー」へと変えることで、受け手の心を動かすことができる。一例としてウエスタンユニオンは、これまで自社の送金システムの使いやすさを伝えてきた。しかし、さまざまな場所に送金する人々にとってより使い勝手のよい存在となるために、5本の30秒CMがつくられた。アフリカ、フィリピン、インド、パキスタン、中国の家族に関するストーリーだ。視聴者は、送金されたお金を受け取る人々について学んだ。それぞれの文化圏にいる彼らの姿を見て、お金が彼らの生活をどう支えるのかを知った。一連の広告は、送金という概念をより個人的なものとして描き、効率的に処理するだけのサービスにとどまらないものにしている。ストーリーはウエスタンユニオンの社員に対し、あなた方は人々の生活を改善しているのだと示した。そして顧客に対しては、それぞれの文化があり人間関係があることを同社は理解しているのだと伝えた。これこそ高次の目標である。従来型の広告との比較で、これらのストーリーは5％の収益増に貢献した。

シグネチャーストーリーが生む感動と敬意の念は、高次の目標のプログラムにプラスとなることは言うまでもないが、ブランドそのものにも好影響を及ぼす。ストーリーは人を強く、しばしば感情的といえるほど強く引き込むことができるため、その中で示されるブランドとのつながりがたとえ弱くても、ブランド連想を誘発しうるのだ。

## 高次の目標を追求すべき理由

多くの企業は、社会貢献や環境保護につながる高次の目標を実現することは正しく、倫理的な行為だと信じている。たとえばセールスフォース・ドットコムのマーク・ベニオフは、「すべての企業は、世界をよりよい場所にするために貢献できるし、貢献すべきである」と述べている。[*2] また、経済面から高次の目標の正当性を訴えることもできる。高次の目標によって、エネルギーコストの削減とブランドの活性化が可能となり、社会全体のビジネス環境の健全化に貢献できる、という論拠だ。理由はまだある。高次の目標が従業員と顧客に及ぼすインパクトである。

### 従業員の願いに応える

今日の社会では、従業員は高次の目標を必要としている。売上げと利益を増やして給料をもらうこととは別に、働く理由を求めている。自分が勤めている会社に敬意と称賛の念を抱きたい、そして自分の人生にとって意義ある仕事をしたいと望んでいるのだ。会社が高次の目標を掲げ、従業員を活気づける共通目標を提示することで、そうしたニーズを満たし、生産性を高めることができる。

とりわけミレニアル世代の多くは、職場と私生活の両方で意義を求めている。経営方針やプログラムを通じて社会と環境をよくする組織のために働きたがっている。自分の仕事に金儲け以上のものを見出したいのだ。

従業員に次の２つの質問を投げかければ、組織の状態を検証することができる。「あなたの会社のブランドの存在意義は何か？」「あなたはそれを大切にしているか？」。もし従業員が２つの問いに前向きな答えを示さないようなら、事業戦略を実行しても成功の見込みは少ないだろう。高次の目標を設けて、社会貢献や環境保護のプログラムを実施することで、従業員にブランドの意義を意識するよう動機づけることができる。そして、それらのプログラムをシグネチャーストーリーによって伝えれば、明確さと情熱を注入できる。

## 顧客の願いに応える

顧客もまた、尊敬できるブランドや企業と関係を持ちたいと思っている。社会や環境の課題に取り組む企業の価値観とプログラムが信頼でき、活動が効果的なら、応援したいと考える顧客セグメントは拡大しつつある。企業と顧客が共有する価値観が強固なら、顧客のロイヤルティとサポートも強まり、市場にインパクトを与える。

ここでは自己表現の便益が作用する。高次の目標をブランドや企業と分かち合うことで、顧客自身の価値観と情熱が肯定されるからだ（自己イメージと相反するブランドや組織を避けるという反応も、同じ動機によって生じる）。

顧客のポジティブな動機が特に重要となるのは、社会問題や環境問題に根差したサブカテゴリーを創出したブランド、あるいは関わりのあるブランドである。たとえばトヨタ・プリウス、テスラ、メソッド（洗剤メーカー）、パタゴニア、MUJI（無印良品）、パナソニック、ホールフーズ・マーケット、トムス（靴）などだ。とはいえ、どの企業であれ、高次の目標に向けて真剣に取り組み、中身のあるプログラムを推進し、それをターゲット顧客層に可視化しているのであれば、自己表現便益に応えることができる。

意欲的な顧客層は、たとえ小規模でも企業の業績を左右しうる。小さくても本気で支援してくれる顧客集団は、人数の割には大きなインパクトをもたらす可能性がある。人的ネットワークを通じて応援する企業のストーリーを広め、価値提案を伝えてくれるからだ。ブランドの高次の目標への支持は表明していても、短期的な購買行動は変わらないという場合もあるが、長い目で見ればそういう顧客にも影響が及ぶ可能性がある。その影響が表面化するのは、たとえば新製品が発売されたときや、ブランドが世間の評判を損なうような問題に直面したときなどである。

高次の目標を掲げるべき理由はまだある。そこからシグネチャーストーリーが生まれる、という理由だ。

## 高次の目標から強いストーリーが生まれる

有意義なプログラムや製品・サービスを通じて高次の目標を推進することで、しばしば隠れた恩恵がもたらされる。力強いストーリーの創出や誘発がそれだ。印象的な登場人物と意義深い挑戦を描き、感情に訴えて受け手を引き込むこの種のストーリーは、高次の目標がなければ決して生まれないものである。

ライフブイの素晴らしいストーリー群は、「子どもに5歳を迎えさせよう」のプログラムを通じて衛生習慣を普及させるという高次の目標があったからこそ、存在する。それなくしては、木の世話をするウタリや、逆立ちで町中を行く父のストーリーは生まれなかった。石鹸を扱うだけの広告がどれほど秀逸でも、「子どもに5歳を迎えさせよう」の動画に比べれば、受け手を引き込む力は足元にも及ばないだろう。

第1章で説明した、セールスフォース・ドットコムの1－1－1プログラムを思い出してみよう。この取り組みによって、社員は社会貢献や環境保護のための活動を創出または支援できるようになり、たくさんのシグネチャーストーリーが生まれた。社員も入社希望者も間違いなくストーリーに触発され、100を超える他社が1－1－1プログラムを採用し、各社が同様のストーリーを生み出している。

## 製品・サービス主導型の高次の目標

製品・サービス主導型の高次の目標もまた、シグネチャーストーリーを誘発できる。ウィーワークは、スモールビジネスやスタートアップを対象にオフィスサポート付きの仕事場を提供する会社だ。同社は、便利な仕事場（有能で親しみやすいサポートスタッフ、快適で洗練された設備、好立地の建物）の提供のみを軸とする目標を掲げることもできたが、そのような機能的便益をもとにストーリーを生み出すのは難しい。だが、「創造力のプラットフォームを提供する」という高次の目標があれば、たくさんのシグネチャーストーリーが生まれる。ウィーワークはそうしたストーリーが豊富に揃ったストーリーバンクを持っており、創造力を刺激する同社の空間がいかに事業者たちに貢献してきたかを伝えている。ストーリー群は、「女性の起業」「若いイノベーターたち」「ワークライフ・バランス」などの項目ごとに整理されている。

同社のシグネチャーストーリーの1つに登場するケイティ・オズボーンは、新たに会社を起業したいと望んだが、クリエイティブ要員が必要となった。そこで、2人の妹たちを頼ることにした。1人はグラフィックデザイナー、もう1人は映像作家だ。3人は私生活でも仲がよく、仕事でも緊密に関わってきた。シカゴで開業したマーケティングとブランディングの新会社、アメリア・ストリート・スタジオの社名は、彼女たちが幼少時代を過ごしたオハイオ州アクロンの住所にちなんでいる。クライアントの1社はビー・リーフというサラダ専門レストランで、アメリア・ストリートはメニュー、内装、ウェブサイト、そして斬新な短編動画の制作に協力した。

多くの企業とブランドにとって（Ｂ２Ｂの場合は特に）、機能面の目標に焦点を絞った戦略的メッセージは、興味深さ、真実味、引き込む力のあるシグネチャーストーリーを生み出すうえで有効な源泉ではない。しかし高次の目標のためのプログラムなら、まったく新しい次元の力を持つストーリーによって、ブランドを一新させることができる。何か興味深いことに取り組んでいるブランドからは、インパクトのあるストーリーが自然に生まれるものだ。

## ストーリーは事実より強い

本章および前２章では、事実とシグネチャーストーリーの相対的な力を比較してきた。注目の獲得、内容の伝達、連想への影響、愛着への影響、行動の誘発――これらについて各々がどう作用し、効果があるのか否かを見てきた。次ページの**表２**は、第１章で紹介したメイン・ハンティング・シューの事実とストーリーの対比を示している。ブーツの品質を伝えることが主目的の場合、それを達成する見込みが高いのはどちらだろうか？　メッセージを記憶に残し、繰り返し語られやすくし、従業員と顧客を触発する、という点ではどうだろうか？　機能的便益を超えた、ブランドの高次の目標、つまりアウトドアへの情熱と革新性を際立たせるのはどちらだろうか？　事実の一覧は注意を引くことさえ難しいが、ストーリーは持続的なインパクトを与える手段になりうることが明白と思われる。

**表2 | 事実vs.ストーリー**

| メイン・ハンティング・シューに関する事実 | L・L・ビーン創業者のストーリー |
|---|---|
| • 返金を保証<br>• 防水のゴム底付きブーツ<br>• フルグレインレザーの快適性<br>• 土踏まず部分に鉄を入れて補強<br>• チェーントレッドソール（鎖模様のゴム底）のグリップ力<br>• 快適性と安定性を考慮した足部形状<br>• 熟練の職人たち | レオン・L・ビーンは、狩猟中に足が濡れるのを防ぐためにブーツを開発した。生産初期のブーツはほとんどが水が染み込み、購入者に代金を返却した。以降につくられたブーツは、水が染み込むことはなくなった。 |

## 高次の目標を見つけるためのプロセス

高次の目標を設定することは容易ではない。製品・サービスについての高次の目標を掲げることが有効な企業もあるだろうが（アップルなど）、それ以外の企業には適していないか、ハードルが高すぎるかもしれない。社会貢献や環境保護の面で説得力のある目標を創出することも、企業によっては難しいかもしれない。どんな目標を目指すにせよ、実質的な中身を伴い、組織の内外からの信頼を確実なものとしながら、注目を集める効果的なプログラムを構築するのは容易ではない。売上げと利益の短期的な増大を求める強いプレッシャーが折々に生じることで、この課題はさらに困難となる。

こうした障害に直面したとき、企業は何をどう進めればよいのだろうか？　まずは動機が起点となる。上級幹部は、自社のためになる高次の目標を望む必要がある。そして組織はその野心を、売上げと利益の増大やコスト削減よりも高次のものと認識しなければならない。動機が固まれば、以下のようなアプローチが有効だ。

◉従業員の関心事項に目を向ける。どんなプログラムならば、彼らは関与しようという気になるだろうか。ホーム・デポは、ハビタット・フォー・ヒューマニティ〔住宅不足の問題に取り組むNPO〕と提携し、社員は定期的に米国退役軍人の住居の建設をボランティアで手伝っている。ライフブイの社員はさまざまな方法で「子どもに5歳を迎えさせよう」のプログラムに関わっている。

◉自社の資産、能力、伝統に目を向け、そこから効果的なプログラムをどう生み出せるか自問する。ホーム・デポは間違いなく、家の建設や改築を支援できる専門技能と資源を持っている。ライフブイには、汚れを落とし殺菌効果もある石鹸を製造してきた伝統がある。

◉製品・サービスの機能的便益を超えた部分に目を向ける。それらはどんな自己表現便益や社会的便益を提供するのか？　人々がそれを買う本当の理由は何だろう？

◉顧客に目を向ける。彼らはどんな活動を称賛し、重視するだろう？　ホーム・デポの顧客は日曜大工にいそしむ人々なので、ハビタット・フォー・ヒューマニティの活動を積極的に支援することを、わが事のように理解できる。発展途上国での乳幼児死亡の問題は、ライフブイの動画を見る顧客の目には非常に鮮明に映る。

◉期間限定のプロモーションとは対極を成す、長期的なプログラムを意識する。ホーム・デポとハビタット・フォー・ヒューマニティの提携は、2011年に始まり現在も継続している。ライフブイは、10億人の手洗い習慣を改善するという目標を掲げ、長期的なミッションに献身している。

次章では、シグネチャーストーリーの主要な受け手、すなわち顧客、従業員、組織幹部について論じる。

# 第6章 シグネチャーストーリーを伝える相手

私たちが最もよく学び、自分自身を変えるのは、心の琴線に触れるストーリーを聞いたときである。

——ジョン・コッター（ハーバード・ビジネス・スクールで長年教授を務めた、リーダーシップと変革の専門家で著述家）

## ブランドの危機を乗り越えたストーリー——バークレイズ

ブランドが危機に直面したとき、信頼を取り戻して世の中の論調を変えさせるために、ストーリーをどう使えばよいのだろうか？　バークレイズはその模範である。[*1]バークレイズは2008年の金融危機の影響を被ったが、その後、同社および他行が主要金利を操作していたという告発を受け、ブランドに傷を負った。2012年6月、米英の規制当局に約4億5000万ドルの罰金を支払い和解することに同意。告発された複数の銀行の中で、和解に至ったのはバークレイズが最初であった。

英国でのバークレイズの信頼度は、2011年1月から翌12年にかけて60％以下にまで急落し、競合他社（90％）を大幅に下回る結果となった。[*2]28カ国で実施された世界的調査では、この時期に銀行業は最も信頼されない業界であったことが示されている。[*3]バークレイズは英国で、最も信頼されない業界の、最も信頼されないブランドであったと結論しても過言ではない。同社は変革を決意した。

### 新たなブランド目標

2013年2月、バークレイズは新たなブランド目標を発表した。「お客様の願望の実現を、適切な方法でお手伝いする」ことである。この目標は5つの価値観によって支えられる。従業員への敬意やスチュワードシップ（地域社会貢献や持続可能な環境のための取り組み）などだ。14万人の社員を対象とした大規模な研修と、ブランド目標に根差した評価システムによって、同社の文化は変わった。

## 新たなプログラム

新たに権限を与えられ鼓舞されたバークレイズの社員たちは、みずから数十に及ぶ高次の目標のプログラムを立ち上げた。その1つ「デジタル・イーグルズ」は、社内で1万7000人のグループへと発展した。彼らの使命は、一般の人々を対象に、デジタルの世界で生き残る方法、さらにはデジタルで成功する方法を教えることだ。企画の中には、デジタルへの対応力を教える気軽な集い「ティー・アンド・ティーチ」や、初心者を玄人レベルにまで進歩させるオンライン講座群「デジタル・ウィングズ」などがある。

他にもたくさんのプログラムが生まれた。バークレイズは英国の2つのNPOと提携し、「バンキング・オン・チェンジ」を立ち上げた。世界中で25億人が正規の金融サービスにアクセスできないという事態に対処する取り組みで、金融リテラシーを向上させるプログラムの構築と実施を支援し、特にアフリカで女性、若者、貧困層に力を注いでいる。バンキング・オン・チェンジは、金融商品をわかりやすいものにし、お金とのつきあい方を村人に教えて個人から資金を集めてファンドを組み、その融資資金を運営するグループの立ち上げを支援している。最初の3年間で大きな成果が上がった。2万5000の貯蓄グループに属する51万3000人が、年平均で58

ドル以上を貯金した。多くの参加者の経済状況をふまえれば、これは相当な額である。この取り組みは、個人や零細事業にまつわるたくさんの印象的なストーリーを生んだ。[*4]

組織文化の変革と社員主導の社会貢献プログラムをめぐる冒険譚は、魅力的なシグネチャーストーリーになる。だが人々の心の琴線に触れたのは、プログラムのクライアントたちをめぐるストーリーであった。

## 新たなコミュニケーション

2014年6月、コミュニケーション戦略が変更された。商品中心のコミュニケーションから、高次の目標の取り組みに焦点を絞った、実在の人物に関する実際のストーリーに切り替えられたのだ。重要なプログラムの数は40以上あったが、注力する対象として4つが選ばれた。まず、人々にデジタル対応力を教えるデジタル・イーグルズ。他の3つは、7~17歳の子どもたちにコーディングの基本を教える「コード・プレイグラウンド」、学校での無料のオンライン学習プログラムを通じて、デジタル化が進む職場で職を得るために必要なスキルを若者に教える「ライフ・スキルズ」、そして、デジタル上でお金を安全に管理したい人に無料で支援を提供する「フロード・スマート」(Fraud Smart)だ。4つのプログラムはすべて、実在の人物のストーリーを通じて伝えられた。

これらのストーリーにはインパクトがあった。地域のスポーツ振興を担当する職員のスティーブ・リッチは、交通事故によるケガでサッカーができなくなった。しかし彼は、「ウォーキングサッカー」（通常６人で、小さめのコートで走らずに行うサッカー）なら参加でき、再びスポーツの喜びを体験できるようになった。他の人々にも楽しんでもらいたいと考えた彼は、ウォーキングサッカーへの認知を高め、英国全土に普及させようと決意する。リッチはデジタル・イーグルズの支援を受けて立ち上げたウェブサイトを通じて、国中の４００を超えるチームをつなぎ、個人とチームをつないだ。この競技への関心が高まった理由の一端は彼にある。いまでは全英トーナメントが開催されるまでになった。

別のストーリーではゼナという女性が、ライフ・スキルズのプログラムがいかに息子パリスの就職活動に役立ったかを伝えている。最初に「ホイール・オブ・ストレングス」の助けを借りて、彼の強み、関心事項、性格特性を明らかにし、最も適していそうな職種を提案してもらった。次に「履歴書ビルダー」で、説得力があり目標に見合った履歴書の作成について、順を追って指導を受けた。最後に、模擬面接によって有意義な練習ができ、自信が向上した。その結果、第１志望の１社との面接に漕ぎつけたのである。

こうした企業変革の取り組みに社員は刺激を受け、活気づいた。そして顧客と見込み客は、バークレイズに対する認識を変えた。[*5] キャンペーンが始まった２０１４年夏から２０１６年初頭にかけて、信頼度は33％向上し、利用検討意向は１３０％、共感度は35％向上し（業界平均値は５％）、「自分の資金は安全に管理されているという安心感」の指標は46％向上した。以前に行われていた商品中心のキャンペーンに比べ、新たなキャンペーンは信頼度に６倍の変化、利用検討意向に5倍の変化をもたらしたのだ。2015年までの時点で、マスメディアがバークレイズを好意的に取り上げた回数は、ライフ・スキルズに関する600件を含め、全部で5000件に達した。

## 顧客に伝える——強固な関係とロイヤルティを獲得する

自社の戦略的メッセージ、価値観、ブランド・ビジョンに対する賛同を求める際、どこに焦点を当てるのがよいのだろう？　どの受け手を対象にすべきなのか？　彼らにリーチするうえで、シグネチャーストーリーにはどんな役割と価値があるのだろう？

シグネチャーストーリーの主要な受け手は3者いる。第1の受け手は組織の外部にいる人々である。特に重要なのは顧客と潜在顧客だが、コミュニティのリーダー、供給業者、販売業者、投資家などもここに含まれる。第2の受け手は組織の従業員、つまり事業戦略を実行する人々だ。第3の受け手は組織の幹部である。幹部は戦略的メッセージに含まれるべき要素を考える人々であり、シグネチャーストーリーを使って従業員を含む人々のアイデアを刺激し、組織が進むべき方向性を差し示す役割を担う人々である。

### 最も重要な外部の受け手——顧客と潜在顧客

外部の受け手で最も重要なのは、現在と未来の顧客である。なぜなら、ブランドや組織と彼らの関係は、市場での成否をさまざまな形で左右するからだ。戦略的メッセージは、顧客との関係やロイヤルティにどんなインパクトをもたらすのだろう？　ブランドに対する顧客の信頼、敬意と愛着を醸成するという面で、事実や機能的便益を列挙するより効果的な方法は何か？　そして戦略的メッセージの伝達が効果を発揮するのはどんなときか？　そこでのシグネチャーストーリーの役割は何か？

## 戦略的メッセージは顧客と企業の関係を決める

顧客の意思決定を最も左右するのは機能的便益である、という間違った認識が広がっている。特にハイテクとＢ２Ｂの文脈でよく見られる。第1章で述べたように、一見理に適っているようだが、まったく真実ではない。人は客観的な情報に基づいて意思決定をすることはめったにない。その一因は、そうする動機がないからである。客観的な情報を見つけ出して咀嚼する努力をしても、何の見返りもないと感じているからだ。あるいは、それらの情報には偏りがあるだろう、自分には無関係だろう、と勘繰る場合もある。むしろ人々は他の手掛かり――たとえば価格水準、ユーザーの特性、過去の経験、そしてしばしば企業の評判などをもとに判断する。

企業の評判を重視する顧客は少なくない。企業の価値観や動機や手法に対する顧客の認識は、ブランドや企業との関係に影響を及ぼす。顧客の敬意や愛着を得ているブランドや企業は、製品の機能を超えた次元で顧客と関係を持つことができる。サービスやＢ２Ｂのブランドの場合、顧客との関係は、最終的には製品やサービスとの間ではなく、自社の組織そのものとの間に形成されるので、敬意や愛着を持ってくれる顧客集団は特に大事な存在となる。

その意味で、高次の目標を伝える戦略的メッセージは重要である。前章で論じたように、高次の目標は多くの顧客に自己表現の機会という便益を提供するので、重要性を増している。高次の目標に関与してくれる顧客集団は、たとえ少数でも企業の業績と評判を左右することがある。

## シグネチャーストーリーでメッセージを伝える

メディアが乱立して混沌としているなか、無関心で懐疑的な顧客から、戦略的メッセージへの賛同と関与をどうすれば獲得することができるのだろう？

ソーシャルメディア媒体、ケーブルチャンネル、新たなオンライン情報源の乱立によって、信じがたいほどの複雑さと雑音が生じており、他を差し置いて人々の耳目を捉えることが難しくなっている。この高いハードルを超えたければ、「純粋な事実」をはるかに超えるメッセージを提供しなければならないことは間違いない。

さらに、企業が価値観や使命、文化について何を言っても、顧客は懐疑的で冷笑的でさえある。顧客にとって、企業が発する戦略的メッセージは、立派で崇高なもののように聞こえることもあれば、口先だけで行動を伴わない自己満足のように聞こえることもある。この相反する受け止めを調整するために、顧客は企業のメッセージを割り引いて受けとめることになりがちだ。あるいは、より可能性が高いのは、完全に無視してしまうことだ。

戦略的メッセージへの注目と信頼を獲得し、この状況を打開するにはどうすればよいだろうか。

事実を述べるだけでは、曲解や不信、反論を招くことになる。そこでシグネチャーストーリーの出番となる。

シグネチャーストーリーが最適なものであれば、興味深さと受け手を引き込む力によって注目を獲得できる。実在の人物に関する話なら、信用され記憶に残るはずだ。単なるストーリーなので、反論を招きにくい。単純な事実ではなく物語を通じて伝えたいポイントを届けることができる。機能的便益を超え、雑音を突き抜け、抵抗を乗り越えることができるのだ。

バークレイズでは、困難を打開して影響を及ぼすシグネチャーストーリーの力は十分に証明されている。繰り返しになるが、商品中心だった以前のキャンペーンと比べ、ストーリーは信頼、利用検討意向、感情的つながり、「自分の資金は安全に管理されているという安心感」の認識に劇的なインパクトを及ぼしたことがわかっている。広く知られることになった同社のシグネチャーストーリー群は、ただ機能を伝えるだけのメッセージでは不可能な成果を上げたのである。

忘れてはならないのは、シグネチャーストーリーは機能的便益を（直接的であれ間接的であれ）伝えるとは限らない、という点である。むしろ通常の役割は、ブランドや組織の存在も受け手の感情に刻みつけることだ。モルソンにとって、第1章で紹介した山上のホッケーリンクのストーリーは、モルソンとホッケーのつながりの深さを示すというブランド目標に貢献する。既存顧客と潜在顧客の多くは、ビール製造の詳細などには興味がなくても、ホッケーには情熱を持っている。高い山の上にリンクを建設し、一般のホッケーファンを選んでそこでプレーしてもらう――こんな方法でホッケー愛をわかちあえば、ブランドと顧客の関係は活気づき、機能的便益を超えた域にまで高まる。

## シグネチャーストーリーを露出させる方法

優れたシグネチャーストーリーでも、それを広く露出させるのは一苦労だ。ごく稀に、何もしなくてもストーリーが爆発的に拡散することもあるが、それは単に幸運だったからにすぎない（当然ながら、素晴らしいストーリーほど幸運に恵まれやすいわけだが）。ほとんどの場合、ターゲットとなる受け手にストーリーを届けるためには、総合的な計画によってテコ入れする必要がある。魔法の公式は存在しないが、有効な指針はいくつかある。

**◉利用できるすべての媒体・手段を利用する**　それには記事、書籍、メディアへの登場、インタビュー、広報窓口、有料広告、ブログ、ウェブサイト、そしてあらゆる形態のソーシャルメディアが含まれる。ソーシャルメディア戦略では、従業員、ブランドの〝友だち〟、インフルエンサーおよびそのフォロワーへの接触を通じて、必要十分な関心を集める必要がある。彼らがメッセージを広め、支持を寄せてくれるのだ。とはいえ、取り組み全体の中心は常にコンテンツにある。ストーリーが弱かったり、売り込み手段だと見なされたりすれば、そうした努力に効果はなく、炎上さえ招きかねない。

**◉統合的かつ相乗的な活動を展開する**　複数のコミュニケーション手段がばらばらに使われると（そうなる原因はおそらくは組織のサイロ化にある）、一貫したメッセージの発信が難しくなり、ソーシャルネットワーク上の勢いと相乗効果もあまり得られない。研究によれば、2つの媒体を連携的に使うと、別々に動かす場合の効果の総和よりも大きなインパクトを生むことが多い。つまり、2＋2が4以上になりうるのだ。

**◉受け手の質の重要性を認識する**

ストーリーはバイラル化しなくても効力を発揮することがありうる。リーチする相手の数が数千や数百、あるいは数十であっても、成功につながることがある。受け手の数よりも質が重要な場合があるからだ。ある自動車メーカーが最も重視しているのは、限られた数の熱心な見込み客にシグネチャーストーリーを届けることかもしれない。あるB2B企業は、カギを握る数人のCEOにリーチすれば成功だと考えているかもしれない。つまり、ストーリーのインパクトは、受け手の認識や行動に見られる変化だけでなく、誰にストーリーが届いたかによっても左右されるということである。

## 従業員に伝える——本気の決意

組織の内部に向けた戦略的メッセージは、目標達成に寄与する強い組織文化をつくるカギとなる。これがなかなか難しいのだが、その大きな理由は、ただ伝えるのではなく、目標に対する本気の決意を引き出す必要があるからだ。つまり、従業員に戦略的メッセージを理解させ、それを信じさせ、実践させなければならない。それぞれの段階に課題がある。

## 戦略を理解させる

最初の段階は、ブランド・ビジョン、顧客との関係の基盤、組織の価値観と事業戦略を、従業員が理解しやすく覚えやすい形で伝えることだ。そのためには、変化が激しく先行き不透明な状況下でも明確に伝わるメッセージが不可欠となる。従業員には戦略と戦術の明確な方向性が必要なのだ。それが示されていれば、自分が行う意思決定は戦略に沿っているのか、戦略を支えているのか、めざすべき方向性から外れていないか、といった見極めができる。そのために必要なのが記憶に定着する、わかりやすいコミュニケーションなのだ。

戦略的メッセージをただ表明するだけでは、咀嚼され記憶にとどまる可能性が低い。シグネチャーストーリーを用いれば、必要な注意を引き、情報を脳裏に植えつけることができる。第1章のメイン・ハンティング・シューのストーリーは、L・L・ビーンの社員にとって、イノベーション、アウトドア、顧客サービスに対する自社の情熱を裏打ちするものだ。しかもストーリーは1つの筋道に沿って展開するので、一度聞いたら理解できるし、記憶にとどまりやすい。どんな熱意も、ただ事実を並べただけでは伝わりにくい。

企業の幹部が組織にストーリーを伝えるときには、ユーモアが役に立つ。とりわけ論点がデリケートな場合は、講釈を垂れているように見られるのを防ぐ一助となる。カリフォルニア大学バークレー校ハース・ビジネススクールの研究科長《ディーン》を2期務め、1991年に引退したバッド・チェイトは、リーダーとしての天賦の才を持っていた。デリケートな問題を、ユーモアで包んで穏やかに指摘する彼のスタイルを、私は忘れることができない。

あるとき、チェイトは自校の経済学の教授たちについて話した。同校には何かと注文の多い教授がいるが、経済学の教授たちも例外ではないらしい。彼はこんなジョークを言った。ハースの経済学の教授たちは、自分たちの給与が英語学や物理学、数学の教授より高いのは、単に人材をめぐる需要と供給の問題であることを理解している。ところが、とチェイトの話は続く。「彼らは会計とファイナンスの教授のほうが自分たちより給与が高いことは理解できないんだ。自分たちより頭がいいわけでも、生産性が高いわけでもないのに、なぜなんだ、と不思議がっているよ」――チェイトのこうしたストーリーは、聞く人を笑わせ（標的とされた人も笑った）、大切なメッセージを穏やかだが心に残る形で伝えた。

## 戦略を信じさせる

従業員には自信が必要だ。会社は戦略的メッセージで語ったことを実行して、必ず成果を上げる、という自信だ。そのためには、会社はメッセージに対して真剣であること――戦略の根拠、具体性のあるプログラム、それを支える経営資源が存在すること――を伝える必要がある。従業員は、メッセージが単なる言葉や夢物語ではなく、信憑性があるという確信を求めているのだ。

シグネチャーストーリーは、根拠と信憑性の両方を提供できる。第1章で紹介したノードストロームの、権限を託された店員が使用済みタイヤを引き取ったストーリーを考えてみよう。これは従業員への権限委譲《エンパワーメント》と顧客中心の文化をめぐる、究極にして明白な模範を示している。同じく

第1章のテスラのストーリーは、具体的な成長計画を伝えている。第5章のライフブイのストーリーは、高次の目標を支える実質的な中身を明示している。

スターバックスの核となる戦略的メッセージは、家庭と職場の次にある第三の居場所、つまり快適な隠れ家となりうる場を提供することだ。この土台にあるのは、スターバックスに入社してCEOになる前のハワード・シュルツが、1983年に家庭用品の展示会を見にイタリアを訪れたときのストーリーである。[*6] イタリアのカフェを巡っていた彼は、優雅に慎重にコーヒーを淹れるバリスタのプライドを目にした。それは素晴らしい劇場であった。同じく彼の目を引いたのは、常連客たちが店内でくつろぎながら、客同士やバリスタと会話をする様子だ。穏やかな活気に満ちた、心地よい習慣がありありと見て取れた。社交的雰囲気とおいしいコーヒーへの情熱が、店内体験をいかに高めるか。そして従業員の社交性と、コーヒーへの知識と愛情が、いかに店内体験の要となるか。これらをシュルツは目の当たりにしたのである。こうして「第三の居場所」というコンセプトが浮上した。スターバックスと従業員のカギとなる価値観の1つは、「誰もが歓迎される、温かく居心地のよい文化をつくる」ことだ。[*7] シュルツのストーリーは、この全社的な価値観の土台となっている。

## 戦略を実践させる

従業員は卓越した製品やサービスを実現させるためには、心を動かされ権限を与えられる必要がある。そこからさらに進み、満たされていない市場のニーズを発見して新たな製品・サービスを生み出し、画期的なブランド構築プログラムを立ち上げること、つまり〝大きい〟アイデアに手を伸ばすことも求められる。企業はいまの製品・サービスとプログラムのまま先に進めるなら進もうとする傾向があるが、触発された従業員は、新たな製品・サービスやプログラムを見出して違いをもたらすことができる。

バークレイズの社員にとって、社会のためになるプログラムを創出すること、そしてそれらがインパクトを生み、実在の人々のストーリーの中で称賛されたことで、いっそうの奮起につながったことは明らかだ。一連の取り組みによって、彼らは職業人生に意義を感じ、自社の価値観と文化に賛同した。高次の目標に意義と手応えを感じれば、戦略を行動に移しやすくなる。

モルソンのストーリーは、社員にもっと創造力を発揮するよう促し、ホッケーにすべてを捧げるカナダ人とブランドをつなぐ、びっくりするような方法を考えるよう背中を押している。スカイプのストーリーは、世界中の人々に創造的なコミュニケーションを可能にする自社のブランドへの誇りを社員に抱かせる。繰り返すが、人々の生活を変えるような戦略であれば、その実践ははるかに容易になる。

## 組織にストーリーを浸透させる方法

組織内コミュニケーションの課題は、従業員と事業パートナーから戦略的メッセージへの賛同を集めることだ。幹部はストーリーを発掘し、それらを伝え、効果的に活用しなければならない。従業員にひとたびシグネチャーストーリーを知らしめれば、後はそれを思い起こさせるだけでよい。全編を繰り返し語らなくても、ストーリーは役割を果たすことができるのだ。L・L・ビーンは、よく知られたメイン・ハンティング・シューのストーリーに一言触れれば、イノベーションの取り組みを強化することができる。第4章で述べたように、ストーリーの役割を生き生きと有効に保つには、その意義を想起させるシンボル、表彰やイベントを活用すればよい。

ブランド・ビジョン、顧客との関係、組織の価値観や事業戦略を反映するストーリーの発掘と伝達を従業員に担わせれば、メッセージをより具体的で信憑性のあるものにできる。シグネチャーストーリーを自分の問題として捉えることができた従業員は、消極的な受け身の従業員に比べ、より強い決意と動機を持つようになる。

## 経営陣が伝える——ビジョンと価値観

シグネチャーストーリーは通常、顧客や従業員、その他の人々に戦略的メッセージを伝えることを目的につくられる。しかし、このプロセスは反対方向でもよい。つまり、シグネチャーストーリーをつくり検証することで、ブランドや組織が何を核とすべきかを理解する、ということだ。シグネチャーストーリーは、機能的便益を伝えるという次元を超えて、これまでなかった豊かなコンセプトを見つけるための視点を提供することができる。つまり、戦略的メッセージの構成要素を創出するという役割を果たすのだ。

## ビジョンを創出する

ブランド・ビジョンや組織の価値観を創出または刷新することは、経営陣の重要な役割である。この任務に取り組むにあたって経営陣はまず、主要メンバーでシグネチャーストーリーを考える〝ウォームアップ〟のためのワークショップを実施するとよい。ここでの課題は、「自分たちは何者か」を表すストーリー、つまり組織の伝統や手法を反映するストーリーを思い起こすことだ。それは社内でよく知られているものかもしれない。あるいは、まったく目立たない、経営陣の1人か2人しか知らないものもあるかもしれない。どんなストーリーであれ、組織の現実を生き生きと反映したものである必要がある。

こうしてシグネチャーストーリーを議論の俎上に載せることは有意義な作業になる。提起された各ストーリーは、言葉づかいも文脈も異なるので、こういう機会がなければ見落とされていたブランド・ビジョンや価値観に気づかせてくれるからだ。このプロセスから、検討に値する新たなコンセプトが浮上するかもしれない。たとえばブランドのパーソナリティや活気、自己表現便益や情緒的便益にまつわるアイデアである。高次の目標に基づくシグネチャーストーリーであれば、信憑性も訴求力もあるのに忘れられていたブランド・ビジョンの要素や価値観に気づけることもある。

ストーリーはまた、ワークショップの参加者に自信を与える。これまでは背伸びしすぎだとして却下されていたようなブランド・ビジョンの側面や組織の価値観が、真剣な検討の対象として改めて浮上するかもしれない。ストーリーによって、「やればできる」という根拠がもたらされるということである。

## ビジョンを伝える

組織のビジョンを従業員と顧客に伝えることも、経営陣の重要な仕事である。シグネチャーストーリーは、最適なものであれば、この仕事に大きく貢献する。第2章ではストーリーが増えすぎることへの対処法を取り上げた。その1つはストーリーバンクを活用し、適切なストーリーを使える形で確保しておくことだ。

加えて、上級幹部は「信頼できるスポークスパーソン」と見なされなくてはならない。自分個人に関する望ましい認識を醸成するには、一個人または一職業人としてのシグネチャーストーリーが役に立つ。つまり、人々がリーダーに期待する器《うつわ》や資質を立証するリーダー自身のストーリーである。これについては第9章で詳述したい。

## ストーリーで語る

ストーリーを活用してコミュニケーションができれば、企業の幹部は大きな力を発揮することができる。しかし、幹部のストーリーテリングは往々にしてぎこちないため、その技術《アート》を習得するために動機と訓練、そして時間を割くことが必要だ。まずはコミュニケーションに最も長けた幹部を観察し、どのようにストーリーを用いて要点を伝えているかを学ぼう。そして、話すときは講義ではなく、権威をふりかざすのでもなく、よきストーリーテラーとして語ることを心がけよう。そして、それを自分のコミュニケーション・スタイル様式として身につけることである。

次の2つの章では、効果的なシグネチャーストーリーについて実用的な知識を論じる。第7章では、ストーリーを発掘または創出する方法を探る。第8章では、強いシグネチャーストーリーの特徴について考察し、ストーリーの評価、洗練、伝達を担う人がそれを役立てるための方法を論じる。

第7章

# シグネチャーストーリーのつくり方

よいアイデアを得る方法は、たくさんのアイデアを得て、そこから悪いものを捨てることである。

——ライナス・ポーリング（ノーベル賞を受賞した理論物理化学者）

## 幸福の自動販売機――コカ・コーラ

2009年にコカ・コーラは、ティーンエイジャー層と深い関係を築く方法――ソーシャルネットワークを賑わすような施策――を必要としていた。[*1] その際の戦略的メッセージは、コカ・コーラの核となる約束、「明るく幸せな瞬間をもたらす」を踏襲した。この約束を、世界中の若い受け手に強く認識してもらうという目標に向け、7本の柱から成るプロジェクトが実施された。その1つ「スピン・ザ・コーク」のアプリは、iPhoneで100万回ダウンロードされた。

プロジェクトの中には、コカ・コーラが「幸福の自動販売機」と呼ぶものを主役にした印象的な動画がある。ニューヨークのセント・ジョーンズ大学で学生たちのたまり場に、一見何の変哲もないコカ・コーラの自動販売機が設置され、隠しカメラが取り付けられた。何も知らない学生たちがコカ・コーラを買おうとすると、さまざまなサプライズが飛び出す。最初に、販売機からコカ・コーラが続々と出てくる。学生たちは大喜びで自販機に目を向ける。次に、自販機から手が出てきて学生に花束を渡す。その後もサプライズは続く。犬の形をした風船、ピザ、そして最後には長さ数メートルにも及ぶサブマリン・サンドウィッチが出てきた。嬉しさのあまり学生が2人、販売機に抱きついた。幸福の瞬間の多くがそうであるように、このケースでも学生が幸せと感じたのは、「予期せぬ親切」があり、「その代償が要求されない」からである。

このストーリーを伝える2分間の動画は800万回以上視聴された。コカ・コーラ社はこの企画を、他国でもさまざまなバリエーションで展開した。アラブ首長国連邦では電話ボックス、リオデジャネイロとフィリピンではトラックの車両が使われた。またこのアイデアに刺激されて、「スモール・ワールド」というペアの自動販売機が生まれ、1台はパキスタンのラホール、もう1台はインドのニューデリーに置かれた。両国は長らく政治的に対立しているが、2台の自動販売機はユニークな方法でその隔たりを縮めた。タッチスクリーンの技術によって、双方の自販機の画面にストリーミング映像が流れ、両都市の人々は友好的な作業を共同で行うことができる。一緒に手を振ったり、踊ったり、ピースシンボルを画面になぞって描いたりした後で、コカ・コーラを分かち合うのだ。ニューデリーの少女とパキスタンの年配の女性が手を〝触れ合う〟——そんな温かい場面の数々を伝えるこの動画は300万回以上視聴された。

調査によれば、「幸福の自動販売機」の動画を見た人は、コカ・コーラの広告を見た人に比べ、内容を記憶しコカ・コーラに共感する傾向がより強かった。そしてティーンエイジャーの視聴者は、コカ・コーラというブランドは人と人の間につながりを生み幸福をもたらす、という考えを強めたのである。30億ドルというコカ・コーラの広告予算に比べれば動画のコストは微々たるものであったことをふまえると、そのインパクトは特筆に値する。

## シグネチャーストーリーを創出または発掘する方法

効果的なシグネチャーストーリーは、どうすれば見つけられるのだろう？　適切なストーリーの創出を促し、そうでないものを除外し、最も有望なものを磨き上げ、最終的にどれを提供するのか、どれを代表格に据えるのかを決めるには、どうすればよいのだろう？

## ❶戦略的メッセージをしっかり把握する

「幸福の自動販売機」は、明確なターゲット市場に幸福を届けるというコカ・コーラの戦略とビジョンに刺激されて生まれたストーリーだ。漫然と行われたわけではない。

あなたの組織では、どの戦略的メッセージが、明確化や感情面での強化を必要としているだろうか？　価値観、ブランド・ビジョン、顧客との関係、それとも事業戦略に関するものだろうか？　どれを優先すべきだろう？　事業戦略を成功させるために、従業員や幹部の間でどんな認識と態度を醸成、強化または変容させる必要があるのか？　組織の外部に関しては、戦略的メッセージのどの要素が顧客との関係に影響を及ぼせるだろうか？　ブランドの強化や活性化における優先事項は何か？　ターゲットとする市場はどこか？　成長やロイヤルティを最も喚起できる市場はどこだろう？

## ❷多様なストーリーの出現を認める

コカ・コーラのように、多様なストーリーの出現を許容しよう。1つまたは複数の戦略的メッセージから、さまざまな主役、文脈、プレゼンテーション形式のストーリーが生まれることを認識してほしい。よいアイデアを得るには、たくさんのアイデアを集めることだ。すでにあるストーリーを探し出し、検討対象にできるよう可視化するとよい。同時に、新しいストーリーの流れを生み出そう。

豊かなストーリーセットの創出に取り組むことで、いくつかのメリットが得られる。まず、その取り組みを通じて創造力が喚起され、新奇で興味深いストーリー群が浮上する可能性が高まる。また、ターゲット市場が複数ある場合は、どれか1つのストーリーがすべてに対して有効であるとは考えにくい。「幸福の自動販売機」でいえば、米国の大学でうまくいったアイデアでも、アラブ首長国連邦やリオデジャネイロでは違った趣向を加える必要があるだろう。さらに、同じ受け手に複数のストーリーを届ければ、ストーリー同士が互いに強化され、繰り返しによる陳腐化を防ぐことにもなる。

ストーリーのアイデアは、広範な市場を対象とする必要はなく、莫大な予算も必須ではない。限られた規模の適切な受け手とつながるほうが、広大な市場にリーチするよりも生産的かもしれない。コカ・コーラがブレインストーミングを通じて考案した「幸福の自動販売機」プログラムでは、実施が高くついたものは1つもない。創造的で斬新なアイデアはどれもターゲット市場に見合ったものであり、どのストーリーも魅力的なコンテンツの創出につながった。コスト分散のために広範な受け手にアピールしようとする必要はないということだ。

## ❸試して学ぶ

複数のシグネチャーストーリーを創出するにあたり、「試して学ぶ」という視点を持とう。絶対確実なストーリーの登場を待つのではなく、不完全でも見込みが少しでもあれば試してみて、どれが有効かを見極めるのだ。「幸福の自動販売機」のストーリーのように、すでに成功しているものや、さらなる投資と洗練の努力に値するものがあれば、それをさらに進めればよい。そうでなければ引き返せばよい。このデジタル時代には、スピードが不可欠であり、迅速なテストも実行可能だ。シグネチャーストーリーやそのセットをたくさん投入して、最も優れたものをすくい上げればよい。

## 自前のストーリーが見つからない場合

シグネチャーストーリーの源泉には2種類ある。自社または自社ブランドに基づくもの（自前のストーリー）と、よそからの借り物である。本書は自前のストーリーに重点を置いている。そのほうが興味深さ、真実味、引き込む力、的確な戦略的メッセージの伝達につながる可能性が高いからだ。とはいえ、〝突出した〟自前のストーリーがすぐには得られない場合もあるだろう。戦略的メッセージが野心的なものであれば、なおさらだ。そんなときは他のどこかから、格段に関連性の強いシグネチャーストーリー――借用して翻案できるもの――を探す必要があるかもしれない。

第1章で、ストーリーを借りてきて活用する2つの方法について概説した。

**◉他社の模範を借りる**　最初の借用パターンは、自社の野心的な戦略的メッセージをすでに実現している、他社の模範的事例を探すという方法だ。セールスフォース・ドットコムが社会問題に対処するために編み出した1－1－1プログラムは、100社以上がそれを取り入れて自社に合わせて実践しているが、それらの企業の多くが、シグネチャーストーリーもセールスフォースから借りてきて、自社の取り組みを活性化している。

**◉あらゆる情報源から探す**　次の借用パターンは、ニュース、歴史、小説、映画などを含め、あらゆる情報源を広く利用するやり方だ。同じく第1章で述べたピーター・グーバーの経験を思い出そう。彼はコロンビア・ピクチャーズ・エンタテインメントの文化と戦略を変革するために、「アラビアのロレンス」のアカバ攻略のストーリーを活用した。さらに、第4章冒頭にエピグラフとして挙げたユダヤの教訓話を思い出してほしい。「真実」はストーリーをまとうまで、村人たちから門前払いされていた。これは、本書のためのシグネチャーストーリーである。

自前のストーリーに強さや現実とのつながりが足りない場合は、よそからストーリーを借りることを検討すべきだ。その際には、自社の戦略的メッセージを念頭に置いて広く網を張るとよい。伝えたいメッセージを、可能な限り多くの形態や文脈で考えてみよう。模範例を探そう。名作映画や名著の一覧に目を通し、使えそうなストーリーにつながるものを探すのもよい。ニュースを検討する際には、自社の戦略的メッセージの比喩になるものを探してみよう。よく知られていて趣旨が明白なストーリーがあれば好都合だ。第1章で述べたように、ビル・クリントンは映画『真昼の決闘』のタイトルに言及するだけで、支持者の忠誠心にまつわるシグネチャーストーリーを想起させることに成功した。

## 何をストーリーの主役にするか

自前のシグネチャーストーリーには、単独または複数の主役がいる。有力な候補を見つけるために、さまざまな種類の主役を検討してみよう。見出すべき主役は、興味深さ、真実味、引き込む力があり、ブランドや組織や事業戦略のメッセージを伝え、従業員を触発し顧客を動機づけるものである。本章では10種類の主役について説明しよう。

◉顧客
◉製品・サービス
◉ブランド
◉ブランドのエンドーサー
◉供給業者
◉従業員

◉組織のプログラム
◉創業者
◉再活性化戦略
◉成長戦略

他にも挙げていけば軽く数十にも及ぶ。とはいえ、強いストーリーを探求するうえで起点となるのは以上10種類の主役だ。第1章の冒頭では、このうち5種類の主役の事例を示した。顧客（IBMワトソン・ヘルス）、製品・サービス（チャリティ・ウォーター）、ブランド（モルソン）、創業者（L・L・ビーン）、成長戦略（テスラ）だ。これらに加え、従業員、組織のプログラム、再活性化戦略が、効果的なシグネチャーストーリーとしては一般的だろう。

何を主役にするかでストーリータイプは変わるが、互いに無関係ではなく、重なり合う部分もある。大半のシグネチャーストーリーには、2つかそれ以上の主役が含まれている。また、製品・サービスとブランドは多くのシグネチャーストーリーに登場するが、完全な主役とは限らず、助演役に回る場合もある。何を主役に据えたシグネチャーストーリーであっても、組織の内と外の両方で戦略的メッセージの伝達に使うことができるが、前掲の10種類のうち、前半の5つは外部の受け手にとってより重要であり、後半の5つは組織内で重要となることが普通だ。

## 顧客

顧客を主役にするストーリーは成功しやすい。なぜなら、「そのブランド（や製品・サービス）より、うちのほうがいいですよ」式の利己的なメッセージではなくなるからだ。また顧客のストーリーは、組織の価値観やブランドの価値提案と強く結びついている場合が多いことも理由である。さらに、これは共通認識として広がっていることだが、顧客体験とそれに関連するストーリは、ブランド構築とマーケティングにおいてますます重要となっている。顧客は商業的な情報源よりも、他の顧客の体験を通じて届けられる情報を重視するからだ。この理論は、サービスおよびＢ２Ｂのブランドでは特に当てはまる。ＩＢＭワトソン・ヘルスの顧客のストーリーは、同様の問題に取り組んでいる他の医療機関という潜在顧客にとって、非常に関係が深い。

ビジネスや職業に特化したソーシャルネットワークであるリンクトインには、プロ品質の１分間の動画になっているストーリー群がある。リンクトインの力を活用してキャリアパスを発展させる、というコンセプトを軸に展開するストーリーだ。その１つに登場するジェニーは、集中的な人脈づくりを通じてマーケティングの職を見つけ、最終的には起業の決意を後押しされたという。アンジェラは、デジタル・アナリティクスを専門とする独立コンサルタントという仕事への情熱を語り、クライアントのビジネス上の難問を数学を使って解決していることを伝えている。ティムが語るのは、蒸留所の開業という夢の実現についてだ。これらのストーリー動画の中には、視聴回数が１００万回を超えるものもある。

企業はビジネスを遂行する中で顧客のストーリーを目にすることがあるし、顧客にストーリーを公開するよう動機づけることもできる。リンクトインは会員に、自身のサクセスストーリーを伝える機会を提供し、最も説得力に富むストーリーはプロフェッショナルな動画にされる。ピュリナのキャット・チャウ〔キャットフードのブランド〕は、顧客にペットとの関係をめぐるストーリーを語ってもらうコンテストを開いた。テーマは、「なぜ私は猫好きなのか」「私とペットとの出会い」「常にそばにいてくれるペット」「ペットとの思い出」などである。寄せられたストーリーには、感情的なつながりが描写されていた。

顧客のストーリーを見つける方法としては、顧客と話し観察して交流するというシンプルな方法もある。これは特にB2Bにおいて有効だ。顧客がいる場所——自社の製品・サービスが購入され使われている場所——で接触すればよいからだ。彼らの課題とその根底にある問題を理解すれば、ストーリーが浮かび上がってくるはずだ。

## 製品・サービス

製品やサービスは戦略的メッセージの核となることが多い。たとえば第1章で述べたチャリティ・ウォーターのストーリーでは、清潔な水源を構築・管理する能力が登場人物たちの生活に大きな影響をもたらした。製品・サービスおよびそのインパクトに関する戦略的メッセージが、ストーリーの中心に置かれている。

製品・サービスはしばしば、シグネチャーストーリーに構成要素として組み込まれている。第

1章のL・L・ビーンやノードストローム、第2章のスカイプがその例だ。しかし製品・サービスは、ストーリーの主役にもなれる。ブレンドテック（第2章での「混ざるかな？」）と、ディジヨルノ（第4章での「宅配ピザではありません。ディジョルノです」）が好例である。

タイメックスの古典的な広告もこの部類に当てはまる。自社の時計をさまざまな過酷な状況に置いて、能力を示すというタイプのストーリーだ。一例としてメキシコのダイバーが、タイメックスを着けたまま断崖絶壁から眼下の海に危険なジャンプをする。ダイバーと時計の両方にとって大いなる挑戦だ。はたして時計は無事に動いているか。飛び込んだダイバーが苦労して岸にたどり着いた後、ナレーターを務めるアナウンサーのジョン・キャメロン・スウェイジが、タイメックスは無傷で戻ってきたと報告する――「衝撃を受けても動き続ける」というキャッチフレーズとともに。製品・サービスを主役とするこうしたストーリーは、難しい解釈を必要としない。ブランドがストーリーと不可分になっているからだ。

## ブランド

ブランドをストーリーの主役にする方法に、製品・サービスとの関連性が皆無または希薄なプログラムや販促イベントがある。その際、ストーリーは製品・サービスを超越した部分でブランドの特性を伝えねばならない。第1章のモルソンのストーリーが伝えるのは、ブランドが持つホッケー愛だ。本章の「幸福な自動販売機」のストーリーは、コカ・コーラを飲むときに喚起される幸福を表している。

マスターカードもその好例だ。マスターカードは長きにわたり、「プライスレス」のコンセプトを通じてブランドの強さと知名度を築いてきた。このコンセプトは、人々にとっていかにモノよりも体験が、そして家族との絆が大切となりうるかを示すものだ。そこで課題となったのは、人々に興味を持たせ引き込むようなストーリーをつくり、この長く続いてきたキャンペーンに活気を吹き込むことである。どうすればよいのか？

取り組みの起点となったのは、人は予期せぬ恩恵を受けたときに幸せを感じる、という顧客調査の結果である。これが「プライスレス・サプライズ」のプログラムにつながった。カード会員に、有名人の訪問かイベントへの無料参加チケットのいずれか（または両方）がサプライズでプレゼントされるのだ。他のロイヤルティ・プログラムの特典とはまったく異なるもので、ここから数々の「プライスレス」なシグネチャーストーリーが誕生した。[*2]

一例は、スポーツバーにいる父と4人の息子たちが、ホッケーの重要な試合のチケットを2枚提供されるというストーリーだ。だがその一家は、家族がバラバラになりたくないという理由で申し出を断る。すると数分後、ホッケー界のレジェンドであるダグ・ギルモアが現れ、自分と一緒に家族全員で観戦しようとプレミアボックス席に誘う。別の例では、歌手ジャスティン・ティンバーレイクが突然家を訪ねてきて、ファンの女性が驚愕する。ただおしゃべりをするために家にやってきたのだ。さらに別のエピソードでは、チャイコフスキー記念国立モスクワ音楽院で行われたマスターカード後援のコンサートでのサプライズだ。ダース・ベイダーと配下の兵士たちが『スター・ウォーズ』の楽曲を聴くために会場にやって来て、聴衆は大いに驚かされる。

こうした感動的な瞬間を提供することで、強いストーリーとブランドの活気が生まれた。およそ260の「プライスレス・サプライズ」のイベントが34カ国で実施され、27万人を驚かせた。欧州では主要ターゲット層において、ストーリーからの連想によるブランド検討意向が47％向上した。中南米では、マスターカードの利用意向が89％向上。カナダではカード会員の31％が、サプライズの可能性があるからマスターカードを使うと回答した。アジア太平洋地域では、このキャンペーンはソーシャルメディアで4700万件のエンゲージメントを獲得し、クリック率は業界平均の1・5〜3倍に達した。

## ブランドのエンドーサー

ブランドのエンドーサー〔保証人、推薦人〕は、当人の信頼性や名声を活用して、ストーリーへの注目を集め関心をかき立てる。多くの企業がブランドに活気を与えるために興味深いエンドーサーのストーリーを活用しており、そこにはナイキ、ドス・エキス〔メキシコのビール〕、ユニクロも含まれる。

ドス・エキスは2006年から10年間、70代かと見える洗練されたあごひげの紳士を「世界で一番面白い男」としてCMで描いてきた。彼は自身が若いときに成し遂げた偉業のストーリーを語る。腕相撲での勝利、途方もない大波でのサーフィン、カジノで2人の若い女性をベンチプレス代わりに持ち上げたこと。そして、さまざまなテーマに関して意見を述べる。バーで提供されるナッツ、二大政党制、自分の身を守る方法、トロフィーワイフ〔男性が成功の証として迎える若く魅力的な妻〕、ブロマンス〔男性同士の非性的な親密さ〕等々についてだ。そこにユーモラスで奇抜なナレーションがかぶさる。世界一面白い男はCMの最後で――たいていはナイトクラブなどの社交場で、若く美しい女性に囲まれて――決めぜりふを言う。「普段はビールは飲まない。でも飲むときは、ドス・エキスがいい」。この一連のシグネチャーストーリーは、1人の人物のパーソナリティをつくり上げ、ブランドを優れたセンスと関連づけることで存在感と活気を生み出している。

日本のユニクロは、ブランド化された一連の技術を持っている。熱を生んで保持するヒートテック、涼しさを保って湿気を逃がすエアリズム、風と水の侵入を防ぐブロックテック、運動に適したドライEXなどだ。こうした技術によってユニクロは、カジュアルおよびアクティブな生活向けの先進的な製品を提供する革新的なブランドとなり、ヒートテックは2017年のブランド総合力第7位を獲得した。[*3] ユニクロはこれらの技術についてどのように伝達し、知名度を獲得したのだろうか。ユニクロは南谷真鈴《みなみや・まりん》に協力を求めた。

若き登山家の南谷は、ユニクロとその技術の著名ユーザーとなり、エンドーサー兼アドバイザーに就任した。[*4] 彼女のストーリーは伝説的である。19歳でエベレスト登頂の日本人最年少記録を打ち立て、20歳になる前に7大陸最高峰を制覇。その過程で強風と過酷な低温にたびたび遭遇してきた。崖から滑落し雪中で夜を明かした経験などを含む彼女の冒険談は、並外れた忍耐力、スタミナ、緊張の瞬間を伝えている。そこには気づきと感情も盛り込まれており、最初に登山をしたときのことを彼女はこう語っている。「トレッキング中の美しい景色、そして山がくれる静かで平和で自由な感覚に、私はたちまち魅了されました」[*5]。彼女とそのストーリー群はユニクロと結びつき、同社の繊維イノベーションに新たな存在感を与えている。

## 供給業者

供給業者を主役にすることは、価値提案の信頼性を示す一助となる。たとえば食品メーカーなら、有機自然食品に焦点を当てるストーリーにしてもよいかもしれない。クリフバー&カンパニーには、穀物を栽培する有機農場の開業・運営に関するストーリー群として、「ファーマーズ・スピーク」というシリーズがある。ストーリーは4分の動画で伝えられ、最初の2編はそれぞれユーチューブで60万回以上視聴された。

その1つに登場するブライアン・クラムは、カナダのサスカチェワン州で農場を営んでいる。祖父と父が開業し、長きにわたって従来型の化学農法を行ってきた。現在の農場は2880エーカーに及ぶ。動画の中で彼は語る。化学農法が自分の家族に、そして姿を消した鳴き鳥《ソングバード》たちに、影響を及ぼしているかもしれないという懸念がしだいに強くなっていった。そして1996年、彼は3年かけて有機農法に移行することを決意する。農薬を使う代わりに、輪作、有機肥料、作付け時期の調整という手段を用いるようになった。彼は従来の農法と有機農法を比べて、「散布するか、耕すかの違いだ」と言う。昔のやり方には二度と戻らないと語る彼は、子や孫たちにとって安全なこの農場環境——鳴き鳥やカエルがたくさんいる場所——を気に入っている。

## 従業員

ノードストロームのストーリーからわかるように、従業員は現場にいるからこそ、強力で記憶に残るシグネチャーストーリーの源泉となりうる。従業員が受け手となる場合は、ストーリーとそこで提起される重要な問題に共感することができる。

オンライン靴店のザッポスは、10の中核的価値観をめぐる一連のシグネチャーストーリーを持っている。顧客にサービスを通じて「ワォ！」を提供することも、価値観の1つだ。あるストーリーに登場するザッポスのコールセンターの社員は、真夜中過ぎに、まだ開いているピザ店が見つからないという客からの電話を受けた。社員は丁重に断るどころか、近所で一晩中営業しているピザ店のリストを見つけてあげたという。

従業員のストーリーを浮上させるには、そのための後押しが必要な場合が多い。石油会社のモービル（現エクソンモービル）は、ブランドの信条である「リーダーシップ」「パートナーシップ」「信頼」をめぐるコンテストを開催した。社員ならば誰でも個人やグループで、3つの信条のいずれかを最もよく体現する人やグループやプログラムを推薦でき、勝者はインディ500に関係者として参加できる。すると300を超える応募とともに、いくつかの素晴らしいストーリーが寄せられた。

## プログラム

プログラムは、物理的な製品のマーケティングと直結していないことが多いが、組織の価値観や戦略を裏づける中身を示し、その象徴となることでストーリーの主役になれる。しかし、製品と違ってプログラムは目に見えない。そこで出番となるのがシグネチャーストーリーだ。

カリフォルニア大学バークレー校ハース・ビジネススクールには、４つの価値観への取り組みを裏づけるいくつかのシグネチャーストーリーがある。「内に秘めた自信」「個人を超えて」「常に学徒であれ」「現状を疑え」――これらの価値観が他校との差別化をもたらし、学生に創造的刺激を与えてきた。あるシグネチャーストーリーは、「学校の価値観と入学希望者の価値観の親和性」を考慮するために入学者選考プロセスが変更されたことを伝えている。志望者は、３本の課題エッセイ（テーマは「私の世界観が変わった体験」など）を提出して、同校の４つの価値観と自身との親和性をアピールできるようになった。このプロセスを導入した結果、ＭＢＡ履修生たちは以前のクラスに比べ、はるかに結束力が強まり（価値観と目標の共有が促進され）、建設的になった（競争が減り、協働が増えた）。競合他校のＭＢＡクラスと比べても、おそらく同じことがいえるだろう。

## 創業者

創業者はシグネチャーストーリーの強力な源泉となりうる。なぜなら、組織の中核的価値《コアバリュー》と価値提案は、その組織の起源にはっきり表れていることが少なくないからだ。これは第1章のＬ・Ｌ・ビーンのストーリーで見た通りである。別の例として、クリフバー&カンパニーがある。創業者のゲイリー・エリクソンは１９９０年、２８０キロメートルほどのサイクリングをしている途中で身体からエネルギーがなくなっていくのを感じた。同社ウェブサイトの記述によれば、彼は「食欲をそそらず、べとべとした、消化しにくいエネルギーバーを、もうこれ以上食べられなかった」という。この体験がきっかけとなり、もっと味がよく栄養価も高い成分のエネルギーバーを開発しようと思い立つ。そして彼は実行した。

創業者のストーリーは、組織の内外で高次の目標に対する信用を獲得するための突破口になることが多い。ヤング・アンド・ルビカムの「ブランド・アセット・バリュエーター」（巨大なブランド・データベース）によれば、ＣＳＲ活動で先頭を行くブランドは、靴のトムス、そしてアウトドア用の衣類や道具を扱うパタゴニアである。社会貢献や環境保護の分野で上位にあるブランドの多くと同様、この両社にも印象的でよく知られた創業者のストーリーがある。[*6]

トムスの創業者兼ＣＳＧ（最高シューズ提供者《チーフ・シュー・ギバー》）であるブレイク・マイコスキーは、２００６年にアルゼンチンを旅行中、靴がないまま育つ子どもたちの境遇を目にした。この問題に対する彼の解決策はシンプルであった。靴の販売会社を立ち上げ、靴が1足売れるたびに靴を必要とする子どもに1足プレゼントするという、「ワン・フォー・ワン」プログラムである。２０１７年までの時点で同社は６０００万足を寄贈し、このプログラムの対象を眼鏡にも広げている。

パタゴニア創業者のストーリーは、１９７０年頃にさかのぼる。クライミング用品の会社を経営する熱心なロッククライマーだったイヴォン・シュイナードは、その後の指針となる発想を得た。ロッククライミングを可能な限り「クリーン」にしたい——つまり、クライマーは岩壁にピトンを打ち込んだままにしたり、ハンマーによる傷を残したりするのをやめるべきだということだ。環境に優しい新製品をつくるために、彼の会社はデザインと製造のイノベーションを追求することになる。パタゴニアとして衣料の製造・販売に進出してからも、シュイナードの優先事項は変わらなかった。それらは現在の同社のミッション・ステートメントに反映されている。「ビジネスを手段として環境危機に警鐘を鳴らし、解決に向けて実行する」。彼は売上げを増やすことよりも、顧客には古い服を修繕しながら使い続けてほしいと考えている。服の製造に必要な水とエネルギーの節約になるからだ。岩壁をクリーンに保つというストーリーは現在でも、パタゴニアというブランドを明確に表現し、それに触れる者の心を動かしている。

　創業者のストーリーの価値を最大化するには、今日の受け手にとってふさわしいものにするとよい。高級テキーラのブランドであるドン・フリオの創業者ドン・フリオ・ゴンザレスは、製品カテゴリーに関する自身のビジョン、そして「情熱を何よりも重視する」哲学を反映した大胆な手段をいくつか実行した。それらは印刷媒体やテレビや広告看板でシグネチャーストーリーとして描かれている。[*7]より濃厚なテキーラをつくるために、アガベ〔原料となる植物〕を植える間隔を広くした。また、テーブルにいる人同士が互いの目を見られるように、ボトルの形状を低くデザインした。これまでの伝統を破ったのだ。自身の道を貫こうとする彼の姿勢は、最大のターゲット層であるミレニアル世代を刺激し、「行動を起こせ《メイク・ユア・ムーブ》」というタグラインがメッセージを後押しした。その結果、テキーラ全体の売上成長率は4％、高級テキーラの市場リーダーは7％の成長にとどまったのに対し、ドン・フリオの売上げは30％も伸びたのである。

## 再活性化戦略

再活性化戦略とは、停滞や衰退の危機に直面している組織による新たな文化や方向性の追求である。その新たな針路には、信憑性が求められ、さらには組織内外の受け手の支持も——容易に得られるものではないが——必要となる。

そこでシグネチャーストーリーが役に立つ。新しいアプローチが誕生した経緯をクローズアップできるからだ。その戦略的メッセージを発信する理由となった市場動向、顧客にとっての新たな必須要件《マストハブ》、競合との戦い、好機や危機は何なのか？　他にどんな選択肢があったのか？　こうした点を伝えるストーリーは興味深く、引き込む力も真実味もあることが多い。あるいは、戦略が製品やサービスに及ぼす効果、顧客や従業員をはじめとする人々に与える影響を伝えるストーリーでもよい。それによって、新たな戦略の方向性を目に見える形で意義深く提示することができるからだ。戦略誕生の経緯と戦略の効果の両方に焦点を当てることも可能だ。

第2章で紹介した、プロフェットによるTーモバイルのストーリーがその好例である。自社と同じようなマーケティング施策を展開する大手競合3社を前に、市場で弱い立場にあったTーモバイルは、「脱キャリア」というコンセプトによってカテゴリーを刷新することを選んだ。このプログラムは、それまで業界で標準的だった、制約が多く複雑なサービスモデルに代わるシンプルな選択肢を提供し、市場はそれに反応した。

ルイス・ガースナーは1993年、IBMのCEOに就任すると変革に乗り出した。苦境にあった当時のIBMは、製品部門や国ごとに統治されており、会社を7つに分割する方向へと動いていた。[*8] ガースナーは、分社化を進めるべきか否かの決定の参考とするために、50人の最高幹部およびその直属の部下らに対し、各々5人の顧客を訪問してフィードバックを集めるよう要請した。その結果、顧客はIBMに愛着を持っており、1つの会社から総合的なソリューションを購入したがっていることが判明した。このため彼は、分社化案に終止符を打った。そして、グローバルなIBMブランドの下でのシステムソリューション構築に向けて、製品部門や地域ごとのサイロ間でコミュニケーションと協力がなされるよう取り組んだ。新たな戦略、文化、組織構造、成果指標を受け入れるよう組織を動機づけるためには、多少強引で困難な手段もやむをえなかった。その背後にあるストーリーは、何十年にもわたって同社に影響を及ぼしていくことだろう。

事業再活性化のストーリーは2度、活躍の機会がある。1度目は、新たな事業戦略が進んでいるがゴールには到達していない時期だ。したがって焦点は未来であり、そこに至るためのロードマップを合わせて示すことになる。ストーリーによって新たな戦略を明確化し、従業員と顧客を触発することができる。2度目の機会は、新たな戦略が実行されたときに始まる。ストーリーは、戦略を明確かつ鮮明に保つことで、なぜその戦略が必要だったのかを思い出させる。戦略が当たり前のものになってしまうと、影響力や刺激が往々にして失われるものだ。ストーリーは興奮を持続させる一助となる。

## 成長戦略

成長は組織にとって決定的に重要だ。従業員にチャンスと勝利の喜びをもたらし、プログラムや取り組みの指針となり、さらなる奮起を促す。顧客の間では、ブランドのカギである活気と知名度を高め、よりよい製品への可能性を開く。供給業者と販売業者にとっては、需要の増加と価格の安定を意味する。要するに、成長は組織運営の追い風となるわけだ。

興味深さ、引き込む力、真実味を備えた成長ストーリーは、きっと本当に成長するだろうという確信を受け手に与えることができる。それによって組織は、長期的な戦略――たとえば、将来に大きな見返りをもたらす資産（ブランドなど）への投資――に集中できる。さもなければ、短期的な財務判断が意思決定を支配することになりかねない。一部の業界では、投資家さえもが、短期利益よりも成長のストーリーに目を向ける。その例が、第1章で成長戦略のストーリーを紹介したテスラ、そしてアマゾンのような、成長の過程で利益が犠牲になっていても膨大な株式時価総額を獲得している企業だ。

アマゾンの成長ストーリーについて考えてみよう。それは1996年、ジェフ・ベゾスがオンライン書店のアマゾンを立ち上げるために、ニューヨークのヘッジファンドを離れてから2年後のことだった。[*9] ストーリーは、同社の創業の志、すなわち、選ばれる書店になることだ。ベゾスは、100万点以上のタイトルを揃え、リアル店舗型の書店より大幅に安く売ろうという目標から始まる。ウェブサイトを個々の顧客向けにパーソナライズし、購入履歴に応じて本が推薦されるようにした。書店を運営するために、長時間、熱心に賢く働く意志がある一流人材だけを雇うことにした。

この基盤を確立したアマゾンは、目標を立てた。市場での力と規模の経済を得るために、並外れたペースで成長し、書籍販売を大きく超えた分野にまで拡大することだ。彼が社名を「ブックス・ドットコム」としなかったことには意味がある。世界最大の川にちなんでアマゾンと名づけたのは、その目標が世界最大の小売企業になること、あらゆるものを扱う「エブリシング・ストア」になることだからである。カヤックを売るだけでなく、カヤックの旅の予約も販売するのだとベゾスは語っている。

１９９６年のアマゾンの年間売上高は１６００万ドルにとどまり、バーンズ・アンド・ノーブルの１％にも満たなかった。しかしベゾスは、目標以上のもの、すなわち成長ストーリーを持っていた。以降20年以上にわたって追求していくことになるストーリーだ。それは結局、彼の予想を超える成功につながったのである。

## 組織を挙げてシグネチャーストーリーをつくる

シグネチャーストーリーは自然に現れるわけではなく、しかるべきプロセスを経て生まれる。本章冒頭でも述べたが、最適なストーリーを見つける方法は、自社の戦略的メッセージをしっかりと把握し、複数のストーリー案を俎上に載せ、「試して学ぶ」アプローチを取ることだ。

加えて、いくつか考えておきたいことがある。ストーリーをつくろうという動機を喚起するためには報酬を与える必要があるかもしれない。コンテストの形を取ることによっても動機が生まれる場合もあるだろう。ピュリナ（猫との関係についてのストーリー）や、モービル（パートナーシップ、リーダーシップ、信頼をめぐるストーリー）がその例だ。もちろん、評価プログラムや人事評価システムなどを通じて、ストーリーを生む動機を組織文化に根づかせるという方法もある。

## ボトムアップとトップダウンの流れ

潜在的なシグネチャーストーリーを育む段階では、〝ボトムアップ〟の流れ、つまり従業員によってストーリーが発見されることが望ましい。戦略的メッセージに関わる従業員に、シグネチャーストーリーとは何かをしっかり理解させよう。そのうえで、ストーリーの完成度を高めるために「ストーリーチーム」に助力を仰ぐよう彼らを促すのだ。このチームの任務は、ストーリーを評価し、最も優れたものを始動させ、執筆と動画制作の支援をすることだ。この方法で生まれたのが、第1章で挙げたセールスフォース・ドットコムの1－1－1のストーリー群、および第6章のバークレイズのストーリー群である。

これとは逆に、ストーリーチームがシグネチャーストーリーを探して従業員の注意を喚起するという〝トップダウン〟の流れも必要となる。チームのメンバーはジャーナリストのように考えて行動し、ストーリーを探し出して説得力のある物語を執筆・撮影する方法、そしてふさわしいメディアで公開する方法を理解していなくてはならない。

## 組織的な支援体制

シグネチャーストーリーの創出、洗練、発表のプロセスには、組織的な支援体制が必要となる。プロフェットのデジタル調査部門であるアルティミーター（Altimeter）の調べでは、優れたデジタル戦略を持つ企業は、1つあるいは複数の組織体制によってデジタルコンテンツを管理している。デジタルコンテンツはストーリーの形態を取ることもあるし、ストーリーを喚起することもあるので、シグネチャーストーリーの創出と管理に活用できる。以下がそうした体制の一例である。

●**コンテンツ開発センター**　卓越したシグネチャーストーリーやその他のコンテンツの発掘と創出において主導的役割を担い、ベストプラクティスを提供する専門家チーム。

●**編集委員会またはコンテンツ協議会**　コンテンツ制作者やマーケティング担当幹部が集い、シグネチャーストーリーを含むコンテンツについて評価し、優先順位を判断し、連携を図る。

●**コンテンツ・リーダー**　コンテンツに関する取り組み（シグネチャーストーリーのセットなど）を、編集面や戦略面で主導する人物。部門全体への権限はない。

●**コンテンツ部門**　ストーリーや諸々のコンテンツを質の高いプレゼンテーションに仕立て

上げる、社内チームまたは代理店。広告、スピーチ、動画、記事、ポッドキャストといったフォーマットを用いる。

**◉機能横断的なコンテンツ責任者**　部門横断的な権限を持つ上級幹部。ストーリーを含む各種コンテンツを連携させ、組織全体でそれらが活用されるよう万全を期す。

## ストーリーとメッセージのバランスを考慮する

「戦略的メッセージ」と「ストーリーの注意喚起力・関心維持力」との間には、適切なバランスがなければならない。戦略的メッセージは重要だが、それによってストーリー探しに厳しすぎる制約が生じるようなことはあってはならない。ストーリーテリングにおいては、興味深く、引き込む力と真実味のあるコンテンツこそが最優先されるからだ。

素晴らしいストーリーがあるなら、それを戦略的メッセージを有効に伝えるシグネチャーストーリーに仕立てよう。逆に、メッセージが先走っているストーリーがあるなら、それをもっと印象的なものにしたり、より引き込む力のある他のストーリーと交換することを検討してもよい。

すべてのストーリーがシグネチャーストーリーの地位に値するわけではない。ストーリーがどれほど強いか、どれほど有望かですべては評価されるべきである。次章では、ストーリーの強さについて考える。

第8章

# シグネチャーストーリーを強化する方法

事実を教えてくれれば、私は学ぶだろう。
真実を教えてくれれば、私は信じるだろう。
だが、物語を教えてくれれば、それは私の心の中で永遠に生き続けるだろう。

——ネイティブ・アメリカンの格言

## 共鳴するシグネチャーストーリー――GE

ゼネラル・エレクトリック（GE）は、人々の間に共鳴を起こすストーリーを発掘した模範である。[*1] 同社は多くのアイデア（その多くはストーリーから導かれた）を試しては、それに少しずつ磨きをかけながら推し進めていった。広告キャンペーンを展開することもあるが、重点を置くのは紙媒体の読者やテレビの視聴者よりも、コンテンツを重視する受け手である（同社はさまざまなソーシャルメディアのプラットフォームで、400万人を超える登録者を確保している）。そしてメディアを借りるよりも、自前でメディアを持つことを好む。

GEの戦略的メッセージの1つは、自社のDNAである。このメッセージに紐づけられているのは、創業者トーマス・エジソン、彼の科学・技術への情熱、「創業125年のスタートアップ」としての歴史、そして想像力と創造性を実践に移しているという評判である。近年におけるもう1つのメッセージは、「デジタル・インダストリー」に関するものだ。機関車やジェットエンジンなど、GEは製造するあらゆる機械にデジタル通信技術を組み込み、他の機械や使用者との通信能力を持たせることで付加価値を実現しているが、戦略的メッセージがその取り組みを伝えている。ターゲットとなる受け手は、現在と将来の社員、顧客企業の購買担当者、そしてこれらの集団に影響を及ぼす人々だ。さらに、科学と技術に魅せられている一般の人々も含まれる。

GEの実績を観察すると、強いシグネチャーストーリーにつながる、それぞれ内容の異なる複数の道筋が見えてくる。

## 強いシグネチャーストーリーのつくり方

### 生活を変えた技術革新を伝える

GEは、ナショナルジオグラフィック、ロン・ハワード〔俳優・映画監督〕をはじめとするハリウッドの一流のストーリーテラーたちと提携して、同社の研究所から生まれた科学的革新に関する全6編のドキュメンタリー番組を制作した。これらのストーリーは、同社が大いなる未知の事柄や技術的困難に直面しながらも、人々の暮らしを変えるイノベーションをいかに生み出してきたかを伝える。感染病のまん延、加齢、水不足、エネルギー問題、人間工学、脳科学の発達をテーマとしたこのシリーズは、ナショナルジオグラフィック・チャンネルで放送され、GEのオンラインマガジン「GEリポート」でも配信され、170以上の国々に届けられた。

### 個人的な体験を伝える

GEグローバル・リサーチで研究管理職にあったマーク・フロンテラは、当時4歳だった息子のアダムが小児がんと診断されたことで、自分の仕事のインパクトを目の当たりにすることになった。ダナ・ファーバーがん研究所でアダムが受けた治療には、GEグローバル・リサーチの施設である高エネルギー物理学研究所で開発された、高度な画像技術が使われたのだ。アダムの治療が終わった後、父はアダムのストーリーと画像技術の役割を伝える動画を作成した。動画はGEのソーシャルメディアのサイトとユーチューブで公開された。

## 自社の伝統と結びつける

GEは先端素材メーカーとして、1969年のアポロ宇宙船の月面着陸に大きな役割を果たした。その45周年を迎え、GEはストーリーを改めて伝えるために、当時宇宙飛行士が使ったオリジナルのGE製ムーンブーツを参考にして新たに靴を製作し、スナップチャットで紹介した。そこには、ジェットエンジンと風力タービンにも採用されているGEの先端素材が使われている。「ザ・ミッションズ」と命名されたこのムーンブーツ型スニーカーは、45周年の記念日に100足限定、196・9ドルで発売された。月面を歩いた宇宙飛行士の1人、バズ・オルドリンは、このスニーカーを履いている自分の写真をスナップチャットに載せて、発売に協力。後日イーベイに売り出されたザ・ミッションズには、数千ドルの値がついた。

## 受け手を喜ばせる

GEは直感的に知っていた。自社のターゲットとなる受け手は、大型機械とその仕組みに興味があり、したがって工場をぜひとも訪問したいはずだと。そこで、インスタグラムのインフルエンサー6人とGEの大ファン6人を、オハイオ州の地方部にあるジェットエンジンの試験場に招き、そこでの体験を記録するよう依頼した。他にもテキサスやノルウェーの施設などで、数十の見学ツアーが企画された。記録はGEのソーシャルメディアの登録者に配信され、他のソーシャルメディアサイトでも公開された。「#GEインスタウォーク（#GEInstWalk）」と名づけられたこのプログラムの最初の動画は、48時間のうちに約20万回視聴された。

## ユーザーが作成したコンテンツを提示する

GEはコメディ番組「ザ・トゥナイト・ショー・スターリング・ジミー・ファロン」と提携し、「ファロンベンション」と呼ばれる8分枠のシリーズを提供した。ここでは若者たちが、独自の賢い発明を披露する（プリングルズの容器の底に残ったポテトチップスを取り出せるように扉をつくった発明もある）。GEはまた、科学の実験を行う6秒間の動画シリーズを制作し、消費者にも独自の「#6秒の科学（#6SecondScience）」の動画をシェアするよう促した。この企画はカンヌライオンズ（世界最大の広告賞）で賞を獲得した。

## 型破りな創造力を試してみる

雪玉は地獄のような灼熱の中でも原形をとどめられるか？（不可能を意味する定型句）。GEのジェットエンジンと同じ素材で作られた容器に雪玉を密閉したら可能ではないだろうか。答えを知るために、GEは雪玉をそのような容器に入れ、上から2000度の溶鋼を注いだ。雪玉は無傷で残っていた。他にも、「カミナリを瓶に閉じ込める」（不可能の意味）、「壁に向かって話しかける」〔まったく反応が得られないという意味〕というテーマで実験が行われた。次に挑戦すべき慣用句《イディオム》を募集するアイデアコンテストも開催された。

## 目を引くテクノロジーを活用する

ＧＥはストーリーに仮想現実（ＶＲ）のインパクトを取り入れた。その1作目は、水中で潜水艇からの視点を追体験するもので、海底の油田とガス田の発見・採集に用いられるＧＥの海中技術を再現している。水中体験のシミュレーションを提供するために、視聴者にはオキュラス・リフトのＶＲヘッドセットを装着させ、振動する椅子に座らせた。

## ユーモアを利用する

ＧＥには、コンピュータおたくの世界を称えるオーウェンというキャラクターがいる。同社の広告には、彼がＧＥで鉄道や飛行機、病院などの運営を助けるためにコンピュータプログラムを書くという自分の新しい仕事について、友人や家族に説明するシリーズがある。しかし、彼らはオーウェンの話がまったく理解できない。ある広告では、友人の1人が「つまり、列車が仕事場ということ？」などと聞き返している。別のバージョンでは、オーウェンがＧＥで新たな仕事を得たことを重大ニュースとして発表するが、友人の1人に話の邪魔をされる。人気のゲーム会社で働く友人は、猫の写真に帽子を描き足せるという新しいアプリをつくっていることに有頂天となっているのだ。

デジタル・インダストリーの世界で拡大するＧＥの役割を紹介する、という目的でつくられた一連のストーリー群が奏功している理由は、おたくを取り巻く残念な現実を、正直かつ面白おかしく描いているからだ。その自虐的なユーモアは、他者とシェアするだけの価値がある。そして世界中のおたくには、メッセージが伝わっている。新たなＧＥのシンボルであり続けるオーウェンは、ＧＥへの就職希望者を８倍に増やすことに寄与したのである。

ストーリーによって、いかに戦略的メッセージをソーシャルメディア時代に適応させることができるのか？　ＧＥの取り組みには、その方法が示されている。すなわち、明確なコミュニケーション目標を持つ。自社の受け手についてしっかり把握する。創造的になる。複数のアプローチを編み出し、最善のものを試してみる。コンテンツを押しつけるのではなく、媒体に合わせてカスタマイズする。実行においては妥協しない。そして、興味をかき立てて引き込むストーリーテリングの力を信じる、といった方法だ。事実だけでは伝達力も説得力もない。

## 個々の構成要素ではなくトータルな効果を意識する

シグネチャーストーリーを効果的にするものは何だろう？　人々とのつながりを築き、伝え、彼らの行動を何らかの形で変容させるストーリーは、どうすれば生まれるのだろう？　いくつかの模範例を検証し、優れたストーリーの特性を観察するという方法もある。ストーリーに関する研究を分析するのも一手かもしれない。ストーリーにまつわる自分自身の経験を振り返るのもよい。その結果、多数の特性を並べた一覧が出来上がり、その中には何度もリストアップされる顕著な特性もあるだろう。

しかし、その一覧からたくさんの特性を取り入れても、ストーリーを強化できるとは限らない。ポイントはそこではないのだ。むしろ一覧から採用する要素が多すぎると、ストーリーが冗長となり、欠けている部分を受け手に想像させることで積極的に関わってもらう効果が減ってしまう可能性がある。それよりも、ストーリーの力を左右するのは、文脈、目的、受け手、そして関わるメディアだ。その組み合わせはケースによって変わる。望ましいストーリー特性を多く盛り込もうとするのではなく、注意を引き、関与を促す〝突出した〟少数の特性に狙いを定めるべきなのである。

複数のストーリー特性がどう相互作用するか、どう流れていくかも、非常に重要だ。私は以前、テレビCMを効果的にするものは何かを探るために、100の特性——音楽、ユーモア、動物が登場するか否か、等々——を検証しようと試みたことがある。最終的に、その努力は実を結ばなかった。重要なのは個々の特性を足し合わせたものではなく、トータルでの効果だったからだ。

その後、内容が似ているのに効果が大きく異なる2つのCMを検証した。[*2] たとえば、頭皮のふけに対処するという2つのCMは、セリフも含め同じ内容だが、1つだけ異なる点があった。誰が話しているかである。より効果的なほうのCMでは、笑顔の妻が夫に対し、ふけがあるというメッセージを伝える。効果が低いほうのCMでは、同じ言葉を夫が妻に伝えるのだが、批判的な印象を与えるため、不愉快なものになっていた。ここから学べるのは、広告やストーリーのインパクトを左右するのは全体的な印象と流れであり、個別要素の総和ではないということである。

## ストーリーを評価するときに問うべきこと

全体的な印象は非常に重要だ。とはいえ、効果的なシグネチャーストーリーと相関があり、検証済みの特性を知っておくことも大事である。それは組織としてストーリーを評価して磨き上げるうえで役に立つ。評価の第一歩として、自問すべきいくつかの問いがある。どれもシグネチャーストーリーの定義に基づくものだ。

### ストーリーになっているか？

関心を引きつける序盤（第2章のブレンドテックでいえば、iPod粉砕を試みようとする部分）、興味をかき立てる中盤（ミキサーでの実験部分）、そして解決部（「よし、混ざる！」）で構成される、物語になっているだろうか。この順番通りでなくてもよい。事実や機能をただ並べたものは不合格だ。

### 興味深いか？

そのストーリーは注意を引くだろうか。深く考えさせる、他に類を見ない、有益な情報を与える、触発する、目的に適っていて現実とつながりがある、ユーモアがある、または畏敬の念を起こさせる、といった条件を満たしているだろうか。これらの側面の1つだけでも秀でていなければ、受け手の注意を引く可能性は低く、シグネチャーストーリーの候補としてふさわしくない。第2章の、スカイプを通じて絆を結んだ2人の少女をめぐるストーリーは、間違いなくこれらの側面のほとんどを満たしている。

## 真実味があるか?

ストーリーの場面設定、登場人物、課題は現実的に感じられるだろうか? それとも、疑わしく、不自然で、見え透いた売り込み手段だと見なされる可能性が高いだろうか? ストーリーとそのメッセージの背後には、実質的な中身があるだろうか? ノードストロームの店員が2本の使用済みタイヤを引き取ったストーリーは、従業員への権限委譲ぶりをわかりやすく伝えているが、その土台となっている経営方針は、従業員だけでなく買い物客にも明らかに伝わっている。

第1章で述べたように、ストーリーはフィクションでもかまわない。むしろ架空であることが明らかなストーリーは、反論を抑制できる[*3]。ただしその場合の危険は、売り込み手段のように響いてしまうことである。某ホテルチェーンのストーリーセットが伝えたのは、迅速にチェックアウトできるという価値、そして宿泊客はそれで浮いた時間を利用して、現地のスポットを訪れて興味深く刺激的な体験ができるということであった。これが奏功しなかった理由はおそらく、不自然かつ売り込み重視だという印象を与えたためであろう。

## 引き込む力はあるか?

そのストーリーは人を引き込むものだろうか? 気にとめる対象になるだろうか? 第3章で紹介したクノールの「#ラブ・アット・ファースト・テイスト」の実験では、初めて会った2人が互いに食べさせ合うよう求められたとき、視聴者は即座に何が起きるのか知りたいという気になった。ストーリーは認知面での反応(信念の変化など)や、感情面での反応(温かい気持ちや畏敬の念など)を喚起するだろうか。受け手に行動を起こさせる(たとえば、他者に伝えるなど)きっかけとなるだろうか。弱くて浅いシグネチャーストーリーは、消極的な受け手しか生まない可能性が高い。

慈善サービスを営む組織は、支援対象となる人々に関する説得力のあるストーリーを数多く持っていることが多い。それを伝える方法が表面的なものにとどまれば、人々のキャラクターや感情を表現できない。だが画像と文章によって思慮深く伝えれば、広範囲に好ましいインパクトを及ぼす。第1章のチャリティ・ウォーターのストーリーは、15歳でモザンビークの村の水委員会会長になったナタリアの姿を描いている。そして、チャリティ・ウォーターが村人の生活をいかに改善したかを鮮やかに示している。

## 戦略的メッセージは込められているか?

ストーリーは、組織、ブランド、顧客との関係や事業戦略にとって戦略的に重要なメッセージを伴っていなくてはならない。メッセージの潜在的なインパクトを、長期的な観点で評価してみよう。そのメッセージはどれほど重要だろうか？　本質的なものか、それとも二次的なものか？　強みの明確化やさらなる強化、あるいは弱みの無効化につながるだろうか？　時の試練に耐えうるのか、それともやがて忘れ去られるのか？　そして最後に、売上げ、利益、市場での地位といった重要な成果指標の成長を後押しするだろうか？

興味深く、真実味と引き込む力があるストーリーをつくる方法について、GEの事例がいくつかの示唆を与えてくれる。ストーリーに取り込めるものとして、技術革新、個人的な関与、ブランドの伝統、受け手の関心事、ユーザーが生み出したコンテンツ、斬新で目を引く手法、ユーモアがある。先述したように、インパクトを決定づけるのは優れたストーリーの特性を多く盛り込むことではなく、全体的な印象と効果である。とはいえ、興味深く引き込む力のあるプロット、ユーモア、効果的なプレゼンテーションが有益であることはいうまでもない。

## 優れたストーリーが持つべき特性

プロットはストーリーの核だ。注意を引きつけ、かつ持続させるものにしなくてはならない。そのためには、ストーリーに以下のような特性があることが望ましい。

## 登場人物への共感

登場人物はほぼ常にストーリーの中心となる。優れたストーリーは登場人物に興味深い特徴と十分なディテールを与えて息づかせるので、受け手はその人物を知り、気にかける。ストーリーは、登場人物とその課題や感情に対する本物の共感を喚起しなくてはならない。

第5章で紹介したライフブイの動画では、亡くなった息子の5歳の誕生日を祝福するインド人の母ウタリが描かれていた。視聴者は彼女の悲しみを感じることができる。第1章でのL・L・ビーンのストーリーでは、レオン・ビーンがカモ猟で隠れ場に腰を降ろしている姿や、釣りのルアーを試している姿を思い描くことができ、アウトドアライフに対する彼の情熱を感じることができる。

## 意義のある課題や困難

ストーリーが描く課題は、リアルで克服のしがいがあり、ストーリーの主役によって克服されるものでなくてはならない。服をきれいに洗うことに苦労しているとしても、それではあまりにありふれていて、商業的で、平凡に映るだろう。誰も気にかけず、耳を傾けない。しかし、もしもストーリーの舞台がメキシコの地方部で、水不足が起きれば人々の生活に影響が及ぶという場所なら、人々が共感できる意味のある課題がある。洗剤ブランドのダウニーは、通常よりはるかに少ない水量で使えるダウニー・シングル・リンスという製品でこの課題に対処している。こんなストーリーであれば、けん引力が生まれる。

## 葛藤と緊張感

葛藤と緊張感は、感情的関与を促し、記憶への定着を強化し、受け手はストーリーの展開を気にかける。クノールの「#ラブ・アット・ファースト・テイスト」の実験では、見知らぬ男女が食事デートのために会い、互いに食べさせ合うことになったとき、受け手は戸惑いと緊張感を覚えることになる。より深刻なケースを挙げれば、第7章でのＩＢＭのストーリーでは、ルイス・ガースナーがＩＢＭの分社化か、システムソリューション会社として統合的に経営するのかという厳しい選択を迫られるとき、受け手は葛藤と緊張感を味わう。シグネチャーストーリーに葛藤や緊張の場面があり、それがどう解決されるのかを気にかけるべき理由が盛り込まれていれば、たいてい狙い通りの効果があるはずだ。

## サプライズ

ストーリーにいい意味で期待を裏切る何かがあれば、さらに効果的となる。第4章でのＵＳスクール・オブ・ミュージックの広告は、男性が華やいだパーティの場でピアノを弾くために座り、芸術面でも社交面でも成功をつかんだ様子を伝えたが、その雰囲気は驚きに満ちている。そんなことが起ころうとは、誰一人予想していなかった！　第7章でのマスターカードが行った「プライスレス・サプライズ」の各イベントも同様だ。そして第3章のレッドブルのストーリーでは、フェリックス・バウムガルトナーが上空約40キロメートルからのダイブという偉業のために気球から飛び降りる瞬間、視聴者は息をのむ。こうした場面は「信じられる？」という反応を生み、その出来事について話し、他者にも伝えようという動機を与えるのだ。

## 感情的な反応

感情的な反応が大きなインパクトを及ぼす理由は、興味深さや引き込む力を含め、ストーリーのさまざまな要素を強化するからである。また、感情的なつながりは、それ自体がストーリーに注目することへの見返りにもなる。第3章で紹介したオールウェイズの「女の子らしく」の動画で、3人の少女が「女の子らしく走る」ことに力強い意味を与えたとき、受け手にどんな感情を抱かせたか振り返ってみよう。この動画がバイラル化した理由は、シェアするだけの見返りがあったからだ。視聴者は他者にこの動画を伝えることで、自身の共感を表現することができた。そして、これほど興味深く、斬新で、心動かされるものをシェアしたことへの満足感を得られたのである。

ある研究で、どのストーリーが「最も多くメールでシェアされたか」を調べるために、『ニューヨーク・タイムズ』紙の7000件の記事が、感情の性質およびその強弱に基づいてコード化された。[*4] 他の変数、たとえば著者の知名度、紙面での記事の配置、内容の実用性などは影響しないよう調整された。分析の結果、シェアされるか否かを左右する大きな予測因子となるのは、記事が喚起する感情反応の強さであることが判明した。畏敬の念（希少な治療法で患者を救う）、怒り（ウォール街はボーナスたっぷり）、不安（住宅価格はまだまだ下落する）という尺度で非常に高いスコアが付いたストーリーは、メールでシェアされる確率が約30％高かったのだ。感情の種類よりも、感情の強度のほうが強く影響したのである。

## 受け手にとっての有効性

ストーリーで感動的な場面は人を魅了する。しかしB2Bの文脈では、問題解決においてそのブランドを利用することの有効性のほうが意味があることが多い。第1章でのＩＢＭワトソン・ヘルスのストーリーは、病院が個々人に見合った医療を提供できるよう助けるＩＢＭワトソンの力を伝えている。これが興味深く引き込む力がある（そして当然、真実味もある）理由は、切実で有効だからである。受け手となる人々は同じ課題に直面しており、まさに提示されたような解決策を求めているのだ。

緊張感や感情をさほど伴わない、単純に面白いストーリーによっても、関係性を生み出すことはできる。ＧＥは、北極付近にある試験場での体験ツアーに人々を連れていった。海運会社のマースクは、世界最大のコンテナ船でイスラエルのハイファ港に入港したストーリーを公開している。その主役は、途方もない大きさの船だ。

## わかりやすいメッセージ

ストーリーのメッセージは、受け手が自分で趣旨を推論できるものであることが望ましい。とはいえ、よほど知恵を絞らなければわからないような、微妙なメッセージであってはならない。受け手はまずそんな努力をしない。「それがどうしたの？」と言わせて置き去りにするのではなく、間違いなく答えが見つかるようなストーリーであるべきだ。ノードストロームのストーリーでは、従業員が意思決定の権限を託されていること、そして顧客を第一に考えているという重要なメッセージを受け手は理解することができる。

## ブランドとのつながり

プロットや登場人物の陰でブランドの存在が薄れると、ストーリーの戦略的価値が低下することになる。ブランドが主役や他の重要な役割としてストーリーに織り込まれていれば、そうした問題はなくなる。ブレンドテック、ノードストローム、バークレイズがその好例だ。とはいえ、非常に強いストーリーだがブランドの出る幕がないということもあるだろう。その対処法として、第3章で論じたように、いくつかできることがある。創業者のストーリーを用いる、顧客の情熱をすくいあげる、支援プログラムにブランド名を入れる、ブランドをストーリーのスポンサーとして目立つ形で提示するといったことだ。

## ユーモア

ユーモアは、うまく機能しメッセージにふさわしいものであれば、ストーリーを強化する要素となる。アブラハム・リンカーンがいかに巧みにユーモアを利用したか、考えてみるとよい。

ユーモアは受け手に楽しみという見返りを提供する。ゆえに注意を引きつけ、持続させる。秀逸なユーモアはシェアされ、爆発的に広がることもある。人が他者にストーリーを伝える理由としては、友人への親切や、有益なコンテンツの目利きであるという自己アピールなどがある。ユーモラスなコンテンツはその両方を果たせる。

ブレンドテックの動画でのトム・ディクソンは、自社のミキサーがさまざまな硬い物質にどう対処するかを見るために、冗談のような〝科学実験〟を行う。ここにはもちろん「信じられる？」の魅力がある。しかし動画の価値の大部分は、ユーモアから生じている。ディクソンの話し方も、誇張された緊張感も面白い。サプライズはお約束の域に達しているが、人々は次回の動画を楽しみにする。連続的な内輪のジョークであることを承知のうえで楽しんでいるのだ。

ユーモアはまた、反論や防御的な怒りを抑制することでコミュニケーションを促進する。すでに述べたが、ストーリーが受け手の意識をストーリーに向けさせて反論意図を逸らし、それによって戦略的メッセージも抵抗されることなく伝えることができる。ユーモアはこの意識の変化をより強く促し、反論の余地をもっと減らしてくれる。

ユーモアの利用にはリスクもある。ユーモアの存在が大きくなりすぎて、メッセージとブランドのつながりが失われるという危険性だ。ブランドを最初からストーリーに組み込んでおくことができれば、このリスクは減る。ブレンドテック、そしてコカ・コーラの「幸福の自動販売機」の動画がその例だ。コカ・コーラの場合、おなじみの赤い自動販売機がストーリーの主役となり、ブランドとのつながりを生み出している。

## プレゼンテーション――どう伝えるかで変わる効果

優れたプレゼンテーションでも、弱いストーリーを救うことはできない。だが質の低いプレゼンテーションは、優れたストーリーを台無しにする。つまり、重要なのは何を伝えるか、そしてそれをどう提示するかである。

どう伝えるかという面では、専門家による指導が大いに役に立つ。たとえばライフブイの動画は、卓越したクリエイティブの技術なくしてはバイラル化しなかったはずだ。ストーリーのサスペンス要素、驚きと感情を最大化するには、一流の才能が必要だったのである。

ストーリーの内容と同様、プレゼンテーションの質に関しても特定のチェックリストというものはない。しかし1つ判明しているのは、視覚的イメージの作成が有益であることだ。視覚的イメージによって記憶しやすさとインパクトが強まり、内容が総合的に処理されやすくなり、ストーリーのポジティブな要素の効果が際立つ。[*5] 視覚的イメージを生むのは写真や動画だけではない。ストーリーの文脈、登場人物の人柄、その人物の行動理由、等々を詳しく説明するテキストによっても生じる。これらすべてが受け手をストーリーの舞台に引き込むのだ。ただし、どこまで詳細に説明するかは調整する必要があり、ディテールが多すぎるとストーリーは冗長になる。「多ければ多いほどよい」の法則は成り立たない。

現在ますます利用しやすくなっている動画技術や関連する技術も、ストーリーの興味深さ、引き込む力、真実味、印象強さ、記憶しやすさを強化するうえで役立つ。優れたプレゼンテーションを目指すなら、以下のすべての手法を検討すべきだ。

## ライブ配信

第3章のレッドブルの例では、フェリックス・バウムガルトナーのダイブをライブ配信したことで、事後的な発表では不可能なレベルの関心と関与を生み出した。バスケットボールの試合中継を生で見たときと、すでに結果がわかっている試合を録画で見たときを比べてみればよい。ゼネラルモーターズ（GM）のシボレーは、イベントを盛り上げるためにライブ配信を利用した。CES（国際的な家電見本市）でのシボレー・ボルトの発表をフェイスブック上で25分間のライブ動画で配信し、CEOメアリー・バーラがプレゼンテーションに加わった。およそ2万5000人が視聴したが、これはイベントの実際の参加者よりも桁違いに多い。シボレーはまた、インドネシアのジャカルタでシボレー・トラックスの発売イベントとして、スカベンジャーハント方式のレースを行ってライブ配信した。[*6]

## 360度動画

非営利組織のサマソースは、開発途上国でIT業務の従事者を育成し、ハイテク業務とのマッチングを行っている。同社は360度映像の手法を使って4分間の動画を作成した。主役は、ケニアのナイロビで若者を教えるサマソースの講師と、サマソースの仕事で自身と家族の生活が向上した2人の働き手だ。[*7] 視聴者は360度の視界を通じて、彼らの生活環境と仕事環境の全体像を見ることができる。これは、従来の動画とは質的に異なる体験だ。

## 拡張現実（AR）

人や動物、シンボルや構造物などのイメージを、いま実際に見ている視界に付け加える技術だ。最も秀逸なARのプロジェクトはポケモンGOである。人々はポケモンのキャラクターを求めて周囲を探し回り、目の前に現れると捕まえることができる。このゲームはわずか19日で5000万ダウンロードを達成した。1年以内にその数は7億5000万に達し、月間の平均アクティブユーザーは5000万人となった。[*8] 熱心なユーザーの多くは、他者と共有できる独自のポケモンGOのストーリーを持っている。

ペプシは、ロンドンにあるバス待合所のガラス窓を改造した。中にいる人に、迫り来るライオン、宙に浮いている人、その他さまざまな映像を見せるためだ。拡張現実を体験している最中、およびその仕掛けがわかった後の人々のリアクションが両方とも映像に記録された。このプロモーションストーリーは6000万ドル以上の売上増に貢献した。[*9]

## 仮想現実（VR）

視聴者はVRでの没入体験によって、現在の状況とは切り離された場面に置かれる。150人の被験者を対象としたある神経科学の実験では、VR体験は2Dでの体験に比べ、感情的関与を喚起する割合が27％高かった。そして感情的関与の持続時間は、ＶＲ視聴者のほうが34％長かった。[*10]

ＶＲはとりわけ、旅行体験を喚起する場合に適している。タイで実施されたシボレー・コロラドのプロモーションでは、視聴者にニュージーランドの人里離れた場所でのオフロードドライブによる冒険を体験させた。旅行代理店のエクスペディアは、ＶＲによる「ドリーム・アドベンチャー」を制作した。テネシー州メンフィスのセント・ジュード小児研究病院にいる幼い患者たちに、世界を体験させるためだ。この企画は素晴らしい癒しをもたらした。病院内で「病院から外に出る」体験、およびそこから生まれるストーリーである。[*11]

ＶＲを使えば火星旅行にさえ行ける。ロッキード・マーティンは、自社の教育プログラムを「火星体験バス」でテコ入れした。スクールバスの窓をＶＲが映るガラスに付け替え、車窓に火星の地形が広がるようにしたのだ。ここから生まれたストーリーの動画は、公開当月に３００万回を超える視聴数を集めた。[*12]

これよりはるかに単純な例として、スウェーデンのマクドナルドが行った「ハッピーゴーグル」のプロモーションがある。ハッピーセットの箱でつくられるＶＲゴーグルは、スウェーデンの「スポーツ休暇」と関連づけられていた（この期間に子どもたちはウィンタースポーツを楽しむのが通例）。このゴーグルを装着すると、「スロープ・スターズ」というスキーのＶＲゲームの世界に入ることができる。

## ストーリーを最適化する

ストーリーは最適なものでなければ機能しない。ストーリーを持っているだけでは戦略とはいえない。ストーリーとそのプレゼンテーションは、大成功する潜在力を備えていなくてはならず、その実現に向けて磨かれなくてはならない。そのためには、次のことを心がけるとよい。

**◉インパクトのある内容**　ストーリーには興味をかき立てて人を引き込む潜在力が必要であり、真実味も欠かせない。そうしたインパクトをもたらす文脈を探そう。

第5章で述べたように、高次の目標は組織にとって有益だ。そこから生まれるストーリーにはたいてい素晴らしい中身があるからだ。ライフブイによる手洗い促進プログラム、「子どもに5歳を迎えさせよう」のような高次の目標のストーリーは、受け手を触発し、強い感情反応を喚起し、印象的な登場人物を描き、深く考えさせる内容であり、驚くほど真に迫っている。石鹸製品を扱う一連の広告のみでは、ライフブイの3本の動画のようにバイラル化して4400万回も視聴されることはありえない。

**◉突出した魅力による一点突破**　すでに本章で述べたが、望ましいストーリー特性を網羅した長いチェックリストに頼るべきではない。むしろ、その中でごく少数の特性が突出しているがゆえに目を引くようなストーリーを探そう。モルソンによる山上ホッケーリンクのストーリーには、「信じられる?」という訴求力がある。ブレンドテックの動画はあまりに奇抜で愉快なため、受け手はそれを人に伝えたくなる。こうした〝度を越えた〟方法によって生まれるストーリーこそ、人を楽しませ、情報を伝え、感情を喚起するものだ。

## ◉諸要素の調整と最適化

出だしと結末にはインパクトが必要だ。タイミング、ペース、フィット感、流れが秀逸でなくてはならない。長さ、文脈、感情、緊張感、詳細度も適切に調整されなくてはならない。各ストーリーはそれぞれ独自の方法で受け手にリーチしなくてはならない。とはいえ、これは簡単ではない。幾人かの優れたストーリーテラーの仕事を観察し、彼らのストーリーがどう適切なのかを把握しよう。ストーリーテリングのセンスがある人は、自身のスタイルをストーリーの形式と文脈に合わせて調整する方法を心得ているものだ。

## ◉「試して学ぶ」開発姿勢

シグネチャーストーリーの創出や評価に定まった公式はないため、本章でのGEの事例に見られるように、「試して学ぶ」アプローチを取るのが賢明だ。明らかなことが1つだけある。最適なシグネチャーストーリーが見つかったならば、大事にし、資源を投入し、活用しなければならない。それはかけがえのない資産となりうる。

第9章

# 自分を知るための シグネチャーストーリー

自分を知ることは、あらゆる英知への入口である。

——アリストテレス

## 私はなぜブランディングの道に進んだのか

１９８０年代の中頃、企業の外から、マーケティングの視点に立ってビジネス戦略を教えていた私は、ある思いを強くしていった。企業幹部は短期的な財務成果を重視しすぎている――。業績目標を達成するために、すぐにでも売上高と利益を伸ばす必要があるという意識が、彼らの意思決定の基準となっていたのだ。この偏向はビジネスに、ひいては経済全体に害を及ぼしていると私は結論づけた。これを解決するには、将来の成長と収益性を支えうる資産を構築することによって、ビジネスの長期的な健全性を高めなくてはならない、と私は考えた。

しかし、この取り組みにおいて私自身はどんな役割を果たすべきなのか？　どの資産に焦点を置くべきだろうか？　どの部分で貢献すればよいのだろうか？

たどり着いた答えが、ブランディングであった。３つの要因が私をこの方向へと導いた。第１に、当時私は次のような調査を実施し、１９８９年に発表した。２４８人の企業幹部に対し、自社に持続可能な競争優位をもたらしている資産と能力を挙げるよう依頼した。[*1] 上位10の回答の中で、３つがブランドの特性に関するものであった。品質に関する評判（1位）、ブランド名の認知度（3位）、顧客基盤（10位）である。他に顧客サービス（2位）もあり、これもブランドと無関係ではない。

第２の要因は、広告、マーケティング、戦略的マーケティングマネジメントについて、私がそれ以前に行ってきた研究と執筆である。そのすべてがブランディングの研究にふさわしい素地となった。第3の要因は、ブランド・エクイティという新しい概念である。企業の焦点が、コスト削減やブランドを傷つける価格プロモーションから離れ、顧客基盤の規模とロイヤルティの向上へと移っていくにつれ、この概念がビジネス界で台頭してきたのだ。

こうした分析をもとに、私はいささか壮大な決意をした。自分の今後の役割は、企業が自社のブランドに宿る資産としての力を認識できるよう支援することである、と。企業がブランド資産の創出、構築、活用、管理の方法を学ぶことを助ける仕事をしようと考えたのだ。企業が自社のブランドへの認識、ひいてはマーケティングと事業戦略への認識をも変えようとする潮流の、ささやかな一端を担いたいと望んだ。

こうして私の針路は定まり、研究キャリア上で日和見的にさまようことはなくなった。この旅路の始まりとして、カリフォルニア大学バークレー校ハース・ビジネススクールの同僚ケビン・ケラーと、ブランド拡張の研究に着手した。そしてもう1人の同僚、ボブ・ジェイコブソンとともに、ブランド・エクイティと株式リターンを経済的に関連づける研究にも取り組んだ。さらに、書籍『ブランド・エクイティ戦略』の執筆を始めた。[*2]その後、いろいろなことがあり……。

## 「職業人としての自分」のシグネチャーストーリー

以上は、職業人《プロフェッショナル》としてのシグネチャーストーリーの一例である。この種のストーリーは、他のシグネチャーストーリーと同じ主要な要件を満たしていなければならない。すなわち興味深さ、真実味、引き込む力である。ただし、さらに2つの要件がある。

◉自分の過去、現在、または将来のキャリアに即している。
◉自分にとってのキャリアの指針となる。そのキャリアを動機づけている根拠や、関連する職業人としての強みや弱みを明らかにする。

職業人としてのシグネチャーストーリーのセットは、直接答えにくいようなキャリア関連の問いにも答えることができる。プロフェッショナルなマネジャーや経営幹部、あるいはその地位への途上にある人なら誰でも、こうしたストーリーセットを明確に記述し、定期的に検証し、拡張していくことは有益である。これらのストーリーによって、過去を味わい、現在を最大限に活かし、将来への計画を立てることができるからだ。

ビジネスリーダーの中には、自身のシグネチャーストーリーを本にまとめ、人生を味わい深い物語として年代順に記録している人が少なくない。優れた自伝を書いた多くのリーダーの一部を挙げれば、マーク・ベニオフ（セールスフォース・ドットコム）、アンディ・グローブ（インテル）、ルイス・ガースナー（IBM）、A・G・ラフリー（P&G）、リチャード・ブランソン（ヴァージン・グループ）、トニー・シェイ（ザッポス）、ハワード・シュルツ（スターバックス）、ピーター・グーバー（コロンビア・ピクチャーズ・エンタテインメント）、ジャック・ウェルチ（GE）などがいる。[*3]

## どこから紡ぎ出すのか

職業人としてのシグネチャーストーリーは、さまざまな源泉から紡ぎ出すことができる。自分の職業人生における出来事、たとえば大きな成功や失敗。キャリアの方向転換につながった契機。自社で他のリーダーがいかに偉業を達成したか、あるいは舵取りを誤ったか。社外の模範となる人が実践した見習うべき行動。キャリアに影響を与えた私生活での出来事。その一例は第5章で紹介した、トムス創業者のストーリーである。ブレイク・マイコスキーはアルゼンチンを訪れたとき、現地の子どもたちが靴を必要としている実態を目の当たりにした。

ブランドや組織をめぐるシグネチャーストーリーがそうであるように、自分のアイデンティティや方向性や戦略を、1つのストーリーで伝えることは不可能ではない。だが、ほとんどの場合、その幅広い役割を果たすにはストーリーのセットが必要となる。私の場合、ブランディングの道に進んだ経緯を伝えるマスターストーリーは、その傘下にある多くの補助的なストーリー群によって精緻化される。たとえば、私の個々の研究の方向性は、その根底にそれぞれの動機があり、誘因となった論点や記事や人物の存在がある。ブランディングに関する2作目の『ブランド優位の戦略』[*4]、および私が提唱した「ブランド・アイデンティティ・モデル」が生まれるきっかけとなったのは、ブランドを構築し管理するための実践的なツールを探し求めていたマネジャーたちの存在だ。これらを含めさまざまなストーリーは、私のライフストーリーである『ファーゴからブランドの世界へ』に書かれている。[*5]

## 答えるべき4つの問い

職業人としてのシグネチャーストーリーには多くの役割と目的があるが、以下の4つの問いに答えることができる。最初の3つは自分を振り返って理解すること、4つ目は自分とそのストーリーを他者に信じてもらうことが主眼である。

- ●自分は職業人として、何者なのか。
- ●自分の仕事における高次の目標は何か。
- ●自分はどこに向かっており、いかにしてそこに到達するのか。
- ●自分は信用、信頼性、他者とのつながりをいかにして築くのか。

最も意味のある強力なストーリーはたいてい、これらのうち複数に答えるものであり、4つすべてに対応することも珍しくない。

## 「自分は何者か」を伝えるストーリー

職業人としてのシグネチャーストーリーは、職業人生の根本的な部分を明らかにするうえで役立つ。あなたの職業人としての役割は何か？　何に貢献しているのか？　その仕事をしている理由は何か？　強みは何か？　それをどう活用しているか？

職業人としてのストーリーによって、自分の価値観――簡単な言葉で列挙できるような、自分に関する説明――に深い理解がもたらされる。あなたは自分を、倫理的、革新的、同僚に対して忠実で協力的、などと自任しているかもしれない。ストーリーがあれば、それらの価値観に中身、質感、明確さが付与され、印象的で忘れがたいものになりうる。ストーリーには「1つの決定的な瞬間」を伝えるものもあるが、多くは「人生の旅」の形を取る。内容としては、キャリアの選択、メンターによる導き、成功や失敗からの学びなどがある。

## キャリア選択のストーリー

あなたがそのキャリアを選んだ理由、またはその組織に加わった理由は何か？　どんな動機があり、何に触発されたのか？　その決断に至った根拠を示すストーリーや、その際の高揚感を反映するストーリーはあるか？

カリフォルニア大学バークレー校ハース・ビジネススクールのカリスマ的な研究科長《ディーン》であったリチャード・ライオンズには、同校と自身との深い関わりを伝えるストーリーがある。彼がバークレー校の学部生だった頃、公共政策学の教授が彼の優秀な成績に目を留め、自分のオフィスに招いてこう尋ねた。博士号を取得して、教授になることを検討してみてはどうか、と。それは思ってもみなかったことであり、彼の選択肢からも大きく外れていた。しかし教授に勧められ、大学で教えている経済学者と面談した。これを機に話は現実味を帯びていく。1982年にハースを卒業してから5年後、彼はマサチューセッツ工科大学で経済学の博士号を取得。コロンビア大学で国際金融学の教授を6年務めた後、受賞歴のある教育者、そして影響力のある研究者としてハースに〝帰還〟し、やがて卓越した研究科長となる。彼がしばしばこのストーリーを語るのは、母校への愛着を表明するためだ。そして、世界最高レベルの公立大学なら、私立大学の学費を賄えない学生にも偉業を達成するきっかけを与えることができるという事実に感謝の意を示すためでもある。

## メンターから受けた影響

第5章で紹介した、金融会社チャールズ・シュワブがCNNと共同で制作したストーリーセットを思い出してほしい。感情に強く訴えるこれらのストーリーでは、12人のキャスターが「私の人生を変えた人」について語る。[*6] ミケイラ・ペレイラのメンターは、テレビ業界に進むための自信を彼女に与えた。アシュリー・バンフィールドのメンターであり模範でもあった母は、困難に遭っても再起して進むことを教えてくれた。

エリン・バーネットの場合は、自身を突き動かした意欲と針路、そしてチャンスをくれたメンターについてのストーリーを提供している。バーネットはゴールドマン・サックスの若きアナリストだった頃、ウィロー・ベイに手紙を書いた。エスティ・ローダーの元モデルで、MBAを取得してCNNのキャスターになった人物だ。ベイの経歴を調べたこと、そして彼女のスタッフに加わりたい旨をバーネットは綴った。手紙に表れている積極性に感銘を受けたベイは、バーネットを面接し採用した。ベイと、彼女の番組のエグゼクティブ・プロデューサーはストーリー動画に登場し、バーネットの第一印象、才能、どんな仕事でもいとわずにやる姿勢について語っている。バーネットはいまやCNN番組のスターであり、あのとき手紙を書いていなければそれは実現していなかったのだ。

## 成功や失敗のストーリー

あなたの成功談や、キャリアで楽しい思いをしたときのことを振り返ってみよう。そうしたストーリーは往々にして、日々の慌ただしさの中で忘れ去られていくものだ。しかしそれらは、あなたの強みと能力を雄弁に伝えることができる。そして、自分の人生と仕事はつまらない、重要ではない、と見なしたくなる衝動を防ぐことができる。あなたのその成功は、何に関するものか？　そのプログラムや取り組みの動機は何だったのか？　奏功したこと、しなかったことは何か？　どんな結果が生じたのか？

医療機器会社メドトロニックのCEOだったビル・ジョージがある手術を観察しているとき、同社製のバルーンカテーテルが機能しないという場面に遭遇した[*7]。彼はのちに、同社の営業担当者が同様の事例を複数回目撃しており、本部に報告もしていたことを知る。だがそれらの報告は、機器の使用者と接触がない製品設計者にたどり着くまでに、7つの部門を経由しなくてはならなかったのだ。ジョージは病院、医師、患者を中心に据えるための10年計画のプログラムを断行し、まずは製品設計者と顧客をつなげるプロセスから着手した。このストーリーは、顧客中心のプログラムという考え方を裏づけるものだが、加えてジョージがいかに顧客を重視し、彼らと直接触れ合うことを大事にし、問題が生じた際にどう対処したのかを示している。

成功のストーリーは、あなたの実績と幅広い能力を明らかにできる。その過程で、おそらくあなた自身も気づいていなかった才能に光が当たる。「私はこれができる」という場面の数々が相まって、あなたの能力は現在の職や仕事から示唆されるほど狭いものではないこと、はるかに多くのことができることが示されるのだ。

失敗のストーリーは、気づきと学びの機会をもたらしうる。あなたの最も大きな失敗は何か？　それはどうして起こったのか？　そこから何を学んだのか？　それによって、職業人としての自分はどう向上したのか？　その失敗に、あなたの個人的な弱さは関係しているだろうか？　もしそうであれば、その弱みはどのように軽減、無効化または解消できるだろうか？　こうしたストーリーによって、失敗からの教訓はより鮮明で具体的になる。

「私は何者か」のシグネチャーストーリーを振り返ることは、健全な行為だといえる。自分は一個人としてどんな人間なのか、キャリアにおいてどの位置にいるのかに関する現実的な検証となるからだ。また、組織での自分の役割と実績を軽視したくなる傾向を抑えることにもつながる。そして、これらのストーリーを通じて、過去をある程度追体験して味わうことができる。ストーリーがなければ、その味わいはあっという間に消えてしまう。

## 「高次の目標」を伝えるストーリー

誰でも、職業人生において1つあるいは複数の高次の目標を持っているほうが、仕事の成果が高まり、働きがいをより強く感じ、満足感も総じて高まる。人は仕事をする意義や、前向きな気持ちで同僚とともに働くあるべき理由を必要としているのだ。第5章冒頭のエピグラフに示したストーリーは、自分の仕事を作業と見るか、稼ぐ手段と見るか、大聖堂の建設者と見なすかの違いを浮き彫りにしている。あなたの高次の目標は何か？　あなた自身や組織のどんな目標が、あなたの職業人生に意義をもたらすのか？　どんなストーリーによって、その高次の目標が明らかになるのか？

自分のキャリアにおいて高次の目標が浮かび上がった経緯を伝えるストーリーによって、その動機と、結果として生まれた決意に光を当てることができる。私の場合、高次の目標は論文と書籍の発表にとどまらない。企業が短期的な思考をやめて、資産の構築へと舵を切るよう後押しをする、というのが私の高次の目標だった。より具体的には、ブランド資産の構築と活用という切り口を、マーケティングに対する認識と事業運営を変える1つの要因（原動力とまではいかなくても）とするうえで相応の貢献を果たすことである。本章冒頭のストーリーはこの決意を裏づけている。

ハワード・シュルツの高次の目標を考えてみよう。シュルツがスターバックスを買収したのは

1987年、まだチェーンの店舗数がわずかしかなかった頃だ。当初から彼の中核的価値観には、すべての従業員に対する敬意、そして働きやすい職場にするという信念が含まれていた。バリスタであれ、店舗にコーヒー豆を届ける運送チームであれ、従業員に仕事人生での意義を見出してほしいと彼は望んだ。[*8] 彼のミッション・ステートメントの初期バージョンには6つの原則があったが、1つ目は「働きやすい職場環境をつくり、お互いに敬意と品位を持って接する」ことであった。それ以降、文言は変わっても思いは変わっていない。シュルツのこの決意を背景に、スターバックスは全従業員に健康保険とストックオプションを提供することを、早期に決めた。そこにはパートの従業員までも含まれる。

従業員に品位を持って接するというシュルツの決意がどれほど強いものであるかは、彼の父に関するストーリーによって説明できる。ハワードは若い頃から、父が、ときには2つの仕事を掛け持ちして懸命に働いたにもかかわらず、社会のシステムによって打ちのめされる姿を見てきた。父は学校を辞めて働くことを余儀なくされ、のちに第二次世界大戦で従軍中にマラリアに感染した。将来性のある仕事はおろか、敬意や意義を感じられる仕事さえ一度も得られなかった。1961年に父は足を負傷し、健康保険も収入もないまま余分な出費を迫られた。ハワードは決意する。もし自分が状況を改善できるようになったら、誰も置き去りにはしない、と。

もう1つ、高次の目標をめぐる職業人のストーリーとして、第1章で紹介したセールスフォース・ドットコムのCEOマーク・ベニオフの例がある。インドでの隠遁生活を機にベニオフは、社会のためになる目標をビジネスに組み込むことは可能だと確信する。[*9] この信念から生まれたのが同社の1－1－1プログラム、つまり製品の1％、株式の1％、社員の就業時間の1％を社会貢献に捧げる取り組みだ。このストーリーはベニオフにとって、リーダーとしての役割を――自社のみならずハイテク・コミュニティにおいても――果たすための創造的刺激の源泉となり指針となってきた。

ベニオフのストーリーの中には、社員のイニシアチブとリーダーシップに関するものもあり、社員たちにとっては高次の目標のストーリーをみずから生み出すうえでの確かな指針となっている。スー・エイマーに関するストーリーがその一例だ。セールスフォース・ドットコムの創業初期、シニア・ビジネスアナリストだったエイマーは年次の公開討論会で、会社はどんな環境対策をしているのかと質問した。応答したベニオフは彼女に、6日間の有給休暇を取って対策を考えるよう求めた。この課題が、彼女のキャリアのターニングポイントとなる。二酸化炭素の排出量を減らす計画案を携えて、社に戻ったのだ。その後、彼女は「アース・カウンシル」を編成してその活動を主導した。これは社員によって運営される、気候変動の危機に対処するために社内でできる草の根改善活動を検討する組織である。だが、ストーリーはそこで終わらない。その後エイマーはセールスフォースの初代サステナビリティ・マネジャーという新たな役割に任命され、環境保護に関するミッション・ステートメントの策定と、持続可能なビジネス慣行を推進する方策の取りまとめを託されたのだ。こうして彼女のストーリーは、他の社員たちにとってシグネチャーストーリーの模範例となっている。

## 「自分はどこに向かっているのか」を伝えるストーリー

職業人としてのシグネチャーストーリーは、目標と戦略的優先事項をふまえてキャリアパスを築き、磨き、明確化するための役に立つ。そして短期的にも長期的にもみずからの指針となりうる。スー・エイマーがセールスフォースで見出したのは、高次の目標だけでなく、新たなキャリアの方向性と、時間の経過とともに進展する計画である。

私のシグネチャーストーリーのセットは、自分の研究、教育、執筆の指針となり、やがてはブランドのコンサルティング会社に加わる決断へと私を導いた。すべての始まりは、企業のブランド資産構築を支援するという選択である。その結果、職業的資産——特に書籍、論文、そこに含まれるコンセプトとフレームワーク——の体系的な発展につながった。過去に単発のプロジェクトで行ってきた仕事の多くが、ブランディングの仕事の基盤となり、相乗的に強みと差別化の源泉となった。同じく重要な点として、単発のプロジェクトを実施しても、それが何にもつながらない、あるいは長期的なインパクトがないように思える場合には、あまり生産的にもなれず満足度も低いことを自覚するようになった。

「自分はどこに向かっているのか」にまつわるストーリーには、具体的な計画ではなくとも、有益な一般的助言を伝えるものもある。２００５年、のちに広く知られるスタンフォード大学卒業式でのスピーチで、スティーブ・ジョブズはキャリアに関する助言を含むストーリーをいくつか披露した。[*10] その1つで彼は、大学を早々に中退したことについて語った。両親が一生かけて貯めた蓄えが、学費で犠牲になると考えたからである。この養父母は彼の生みの母に、彼を大学に行かせることを約束したうえで養子にした。そんなわけで彼は必修科目を受講しなくなり、面白そうだと思った授業にもぐり込むようになる。その時期は友人の部屋の床に寝かせてもらうような、非常に切り詰めた生活を送っていた。あるときもぐり込んだカリグラフィーの授業は（実践的な科目ではないようにも思えるが）、後年になってマック・コンピュータのフォントとビジュアル、そして最終的に今日の私たちが知るコンピュータ・インターフェースのソフトウェアのほとんどに影響を及ぼすことになる。このストーリーの趣旨は、将来何が役立つかわからないのだから、幅広く学べということだ。後になって初めて、点と点を結ぶことができる。

ジョブズが語ったもう1つのストーリーは、1976年に共同創業したアップルからの離脱と、最終的な復帰についてである。1985年に役職を解任された彼は、間もなく会社を辞める。打ちのめされた彼はシリコンバレーを去ることも考えた。だがコンピュータ業界でのイノベーションに対する愛と情熱が、再出発の背中を押した。そして、ソフトウェア開発者向けの迅速なオペレーティングシステム（OS）を搭載したコンピュータの会社、ネクストを創業する。1996年にアップルはネクストを買収した。狙いの1つはOSを手に入れること、もう1つはジョブズを呼び戻すことだった。こうして、最初に離れてから約10年後、ジョブズはアップルの革新性を復活させるために戻って来た。このストーリーの趣旨は、自分の心に従って本当にやりたいことをやれ、ということだ。最初のうちは道が見つからなくても、探し続けよう、立ち止まってはならない、と彼は訴えた。

一般的な助言も有益だが、詳細な計画も、職業人としてのシグネチャーストーリーではきわめて重要な要素となる。あなたはどこに、どんな理由で向かっているのか？　その旅路には誰が参加するのか？　目的地はどこで、そこにどんな方法でたどり着くのか？　その過程で何が道しるべとなるのか？　ストーリーにキャリア転換が含まれる場合は、新たな仕事の内容、そのために受講したMBAプログラム、中間目標などをディテールとして盛り込むとよい。新たなチャンスと困難が生じるたびに、ディテールとビジョンを伴う何らかのキャリアストーリーが浮かび上がるはずだ。そうしたストーリーがなければ、キャリアは目的を失ってさまようことになりかねず、停滞する可能性が高まる。

職業人としてのシグネチャーストーリーでキャリアのビジョンを示すことで、あなたの目標、それを達成するための戦略、実現への意志、活用する資産を他者に理解してもらえる。あなたの部下はそのストーリーを知ることで、あなたについていくか否かの判断をより的確に下すことができる。あなたの仲間や同僚は、あなたの目標に参画するか否かを決意できる。上にいる人たちは、あなたのビジョンの実現を後押しできるか否かを判断できる。

張瑞敏《チャン・ルエミン》の場合もそうであった。彼のシグネチャーストーリーは自身を導く指針となり、彼の会社、およびそのストーリーを受け入れた多くの同僚にとっても同じく指針となっている。

張は1984年、経営不振だった中国の冷蔵庫メーカー（のちにハイアールに改称）のトップに昇進した。1人の客が、購入した冷蔵庫を不良品だとして運んできた。張はその客とともに、交換品を探して400台の在庫すべてを調べたところ、約2割が不良品であることが判明した。そして決定的な瞬間が訪れる。張は速やかに76台の不良冷蔵庫を工場の床に並べ、従業員たちに大きなハンマーを渡し、それらを破壊するよう命じた。実に思い切った決断である。

張のシグネチャーストーリーは、会社の文化と戦略を変え、品質への継続的な献身を生んだ。その献身は、製品開発、オペレーション、製造、人事評価に影響を及ぼしている。このストーリーはまた、ブランドに対する顧客と販売業者の認識も変えることになった。カリスマ的で革新的なCEOのリーダーシップの下、世界に通用する品質を提供できるブランド——そう見なされるようになったのだ。世界中に展開するハイアールはやがて中国の偉大なサクセスストーリーとなり、張は国民的英雄にして名高い経営改革者となる。このストーリーは、彼自身のリーダーとしての旅路における精神的な礎であり続けている。

## 私生活をめぐるシグネチャーストーリー

あなた自身に関するシグネチャーストーリーは、職業上の役割に直接言及していなくても、あなたのキャリアパスに影響を及ぼしうる。私生活の面では間違いなく重要な役割を果たす。幸福や生きがいの源泉を明らかにするうえで役立つのだ。私的なシグネチャーストーリーは、自分の家族、友人、伝統的習慣、活動に関するものが大半であり、健康や人助けにまつわるものも多いかもしれない。模範となった人物や、敬意・称賛を寄せる他者に関する印象的なエピソードでもよい。

私的なシグネチャーストーリーから得られるメリットはいくつかある。ストーリーによって記憶が強化され、特別な体験を思い返して味わうことができる。自分の行動理念が明らかになる。そして、どの人間関係と活動が健全で生産的か、または機能していないかが明確になることで、時間の使い方に優先順位をつけてリソースを配分する一助となる。

試しに次のようなエクササイズをしてみよう。1カ月前や1年前の自分を振り返ってほしい。どんな体験が、あなたの人生に幸福や意義をもたらしただろうか？　最も印象に残っている人物は誰か？　その人とのどんなやり取りが、あなたとの関係性を最もよく表しているだろう？　どんな行動に、あなた自身の高次の目標や善意がよく表れただろうか？　どんな状況で、喜びや安堵、誇り、称賛の念がわき上がっただろうか？　では、それらの気づきをもとに、興味深く真実味があり、人を引き込むようなストーリーを組み立ててみよう。その際には大小の困難、そして強い感情がわいた場面にも目を向けよう。

このエクササイズは、あなたの人生全体に適用できる。私が執筆した自伝には数百に及ぶ私的なシグネチャーストーリーを取り入れている。とても見返りの多かったこの取り組みを、すべての人にお勧めしたい。私の場合、私的なシグネチャーストーリーの力を示す好例は、３人の娘に関するものである。

## ３人の娘とのストーリー

私の娘たち――ジェニファー、ジャン、ジョリーン――は幼い頃から、父に対してよりも姉妹同士で親密な関係を築く傾向があり、私が1人ひとりと親密な関係を築くのは簡単ではなかった。そこで編み出した解決策は、「特別な日」と名づけた父娘2人だけの冒険だ。この日が近づくと娘の1人に知らせ、その子は自分のためだけに計画されたサプライズ・イベントを楽しみにできる（サプライズゆえに断るのが難しい）。この日はもちろん私にも、娘の1人との素晴らしい時間を与えてくれる。

その1回目の特別な日のことを、いまでも鮮明に覚えている。当時6歳のジェニファーと、バークレーヒルズにハイキングに出かけた。2人で人生について語らい、ケシの花を摘んだ。のちにケシを摘むことは違法と知り、さらに後日、アウトドアはジェニファーが長く続けたいことではないと知るが、それでも私たちは楽しんだ。

やがて、特別な日には本屋にも行くようになった。適切な本を選ぶという冒険であり、私は何らかの点で「教育的な」本が選ばれるようさりげなく誘導した。ここで得られた1つの〝教訓〟は、娘（少なくとも当時のジェニファー）に何かを買ってあげれば、娘はその相手をもっと好きになるという、ある種の経済原則である。

こうした特別な日々の中には、ときとして本当に特別なものもあった。ジャンはサプライズで空港に連れていかれ、ミネソタ北部のチャイルド湖で開かれるアーカー家の集いへと向かった。開催場所は、私の叔父ビャーネのキャビンだ。あらゆる物事をポジティブに捉えるタイプであるこの叔父は、昔から私の大のお気に入りだった。私たちは水鳥の群れの中をカヌーで渡ったり、森の小道を歩いたり、15人いる私のいとこのうち数人と暖炉を囲んだりした。旅行に行くことを空港で知ったジャンの歓喜をはじめ、この旅はたくさんの思い出をくれた。

ジョリーンの場合、ある特別な日にはヘリコプターに乗ってサンフランシスコ湾の上空を飛んだ。ヘリコプターに搭乗するときの不安、実際の離陸と飛行、空からアルカトラズを長い間眺める機会など、この日もまたかけがえのない思い出となった。

これらのストーリーは、より包括的なマスターストーリー――家族間で語り継がれる物語の大きな部分を占め、私の人生に意義をもたらしてきたメタストーリー――の構成要素にすぎない。それでも、特別な日をめぐるストーリー群は実に長い間息づいているのだ。

もちろん特別な日々の他にも、私と娘たちを親密にしたかけがえのない場面はたくさんあり、それらの出来事からも豊かなディテールを持つストーリーが生まれてきた。こんな思い出がある。夏に欧州を旅行していたジェニファーに電話をすると、彼女は落ち込んでいた。数日後にロンドンで会おうと私が言うと、落胆は喜びに変わった（結局、2人はたくさん買い物をして、初めて『レ・ミゼラブル』を鑑賞し、バースへの思い出深いドライブをした）。ジャンの結婚式の前に、2人で過ごしたひとときのことも覚えている。思い出を語り合った後、彼女をいざなって橋を渡り、結婚式場へと歩いていった。ジョリーンの大学サッカーの活動を、ずっと見てきたことも思い出される（熱心に追いかけすぎだという声もあるが）。彼女がサッカーで培ってきた一連の経験を、私はストーリーにまとめた。そこに綴ったのは、あらゆる挑戦と見返り、ハイレベルのサッカーをものにした彼女の才能、チームメイトおよびコーチたちとの交流、勝利と敗北で味わった感情だ。さらに、私自身にとってもどれほど興奮に満ちた経験だったかも書き記した。

子育ての初期、偉大なクラシック音楽に子どもたちをどう触れされるかという課題があった。1つの部分的な解決策として、「くるみ割り人形」のバレエを観せることにした。長女が5歳で次女が3歳のとき、私たちはこの演目を見るためにサンフランシスコに通い始めた。その際にこんな決め事をした。バレエ観劇にふさわしい盛装をして、劇場に入ったら他の人々の服装を観察し、ベストドレッサーを2人か3人選ぶのだ。以降、この習慣は40年以上毎年続いており、いまでは娘たちの子どもたちも一緒だ。この「くるみ割り人形のメタストーリー」は、家族がどんな人生を共有してきたかを明らかにするうえで役に立つ。

こうしたシグネチャーストーリーは、感慨深く忘れがたい場面から生まれたものが多く、娘たちの人柄、価値観、人間関係を生き生きと伝える。しかし同時に、私自身の優先事項、伝統的習慣、将来の活動にも影響を及ぼす。なぜならそれらのストーリーは、人生で何が大事なのかを指し示してくれるからである。

## 他者とつながるためのシグネチャーストーリー

他者を動機づけることは、どんな組織のリーダーにとっても重要なコミュニケーション目標だ。

最もはっきりしている相手は従業員だが、ときには顧客、投資家、供給業者、一般の人々も対象となる。この目標を達成するためには、リーダーは信用を築き、信頼性を高め、受け手との間につながりを築かねばならない。対象が従業員の場合は特にそれが必須となる。そうした関係性なくしては、リーダーは相手を納得させることができない。リーダーが組織の新参者であったり、何らかの理由で信頼性を失っていたりする場合、この課題はさらに難しくなる。

信用、信頼性、つながりを築くには、リーダーは最初に自分を紹介する必要がある。そして事実のみでは、それは果たせない。次のように言っても通用しない。

◉私はよい人間です。正直で、倫理的で、共感力があり、他者を気にかけ、間違いを認めることができます。
◉私は信用に値します。私の言うことをあなたは信じても大丈夫です。
◉私は有能です。頭がよく、博識で、創造的で、対人能力も高いです。

こうした単純な主張は説得力がなく、冷笑されるのがオチだ。しかし、この同じ主張を暗示する個人的なストーリーを伝えれば、受け入れてもらえる。それは単なるストーリーだからであり、それでも信用と信頼性と好感を得られるのだ。

## 正直な気持ちを表現する

シグネチャーストーリーは、オーセンティック・リーダーシップ（正直な自分に根ざしたリーダーとしてのあり方）を明確にして実践するうえで役に立つ。[11] 2人の研究者が関連文献を徹底検証して見出した結論によれば、オーセンティック・リーダーシップの2つの特性は、自己認識《セルフ・ナレッジ》（自分の実態を自身で把握すること）と自己概念《セルフ・コンセプト》（他者に自分をどう説明するか）の明確さであり、両方が必要となる。そしてオーセンティック・リーダーになる能力を高めるには、内省を通じてライフストーリーを紡ぎ、明らかにすることが有効であるという。つまり、自分の人生で起こった出来事と、それらの出来事が互いにどう関連しているかを伝える物語である。

研究によれば、フォロワーの意向と行動は、リーダーが正直に自分を表明しているかどうかをめぐる判断に左右される。ではその判断の根拠は何かといえば、リーダーのシグネチャーストーリーの信憑性、そしてそのストーリーがリーダーの行動と一致しているかどうかである。[12]

たとえば、過去に間違いをどう改めたかを伝えるストーリーは、自分のマネジメントのスタイルを示したり、自分が特に重視する文化的要素を強調する手段となりうる。また、いくぶん自虐的なユーモアを見せる方法にもなるだろう。そのストーリーを通じて、自分が過ちを認めたこと、そこから学んだこと、そして万事に大真面目な堅物ではないことが伝わる。すると人々は耳を傾けようという気になるのだ。対照的に、リーダーが効率的なパワーポイントのプレゼンテーションによって文化や戦略を講釈し、コンセプトと事実のみを伝え、個人的なことは何も言わない場合を考えてみよう。受け手はおそらく退屈し、不信感を抱き（「それは前にも聞いたよ」）、最終的に賛同する気をなくし、敬意を失う可能性さえある。

ストーリーはまた、成功への意欲を表す場面、つまり職業人としての意義を見出すきっかけとなった個人的な出来事についてでもよい。不良品を破壊するという張瑞敏の決断を思い出そう。そこに反映されているのは、彼の品質に対する情熱と、中国の家電業界で主要プレーヤーになるという目標だ。その目標を単に口で主張するだけなら、従業員との絆は生まれなかっただろう。だがストーリーによって、CEO個人の情熱と、言葉の本気度が付与されたのだ。

前章で述べたように、ユーモラスなストーリーは大いに有効だ。その一因は相手を楽しませるからであり、さらには反論を抑制するからだ。個人同士のやり取りでは、ユーモアは相手とのつながりを生み、仕事体験に心地よさや楽しさをもたらすという点で特にメリットが大きい。あなたが一緒に働きたい相手は、ユーモアのセンス、特に自分を卑下してユーモアに変えるような部分がある人ではないだろうか。気楽に構えていてもよい、と感じさせてくれる人ではないだろうか。

そしてビジネスの場面では、ユーモアは緊張感を和らげるため、生産性を高める効果もある。重要な会議は険悪でストレスに満ちたものになりやすい。ユーモラスなストーリーによって、その場に漂う不安感を取り除き、参加者をよりリラックスさせ、苛立ちを和らげることができる。その結果、より創造的で大胆なアイデアが生まれるようになる。

意思決定やプログラムの不備、あるいは他者の間違いを指摘する必要があるとき、ユーモアはさらに効果を発揮する。笑いは論争と怒りに取って代わり、内省と受容を促すことができる。第6章で紹介した、ハース・ビジネススクールの研究科長を2期務めたバッド・チェイトは、教授たちに給料のことを話さなければならなかった。彼の見るところ、経済学者は自分たちの給料が英語学の教授より多い理由を理解しているが、ファイナンスの教授よりも少ない理由がわかっていなかった。デリケートな部分に触れるこの指摘にユーモアがなければ、憤りを招く可能性があった。ユーモアによって、相手を身構えさせず、拍子抜けさせるほど愛嬌のある自分の一面を見せることができるのだ。

## ストーリーは自然に生まれない

ストーリーは自然に出来上がることはめったにない。相応の努力が必要だ。あなたのキャリアを振り返り、達成してきたことに目を向けてみよう。同時に、自信が高まった場面、誇りや喜びを感じた場面、キャリアの方向転換につながった場面などにも注目しよう。それらのストーリーを整理してまとめたストーリーバンクをつくり、少数のフォルダ群のような、わかりやすい場所に保存しておくとよい。そして定期的に見直し、手を加え、優先順位を再検討することだ。新たなストーリーが浮上したら、バンクに加えよう。

それらのストーリーをもとに、あなた自身（自分は何者か）、職業人生における意義（高次の目標は何か）、キャリアの方向性（自分はどこに向かっているのか）、あなたの信頼性（それをどう強化できるか）について把握しよう。その後、あなたの業績やキャリアに影響を及ぼしている仕事上の基本的な問題に対処するために、ストーリーを活用してほしい。ストーリーをたたき台にして、あなたの職業人生の針路を熟考すべきである。

人とのつながりを築き、自分について他者に伝えるためにもストーリーを使う必要がある。相手を傷つけたり、誤ったメッセージを発したりしないように注意しよう。ただし慎重になりすぎてもいけない。ストーリーの力を忘れないでほしい。それは事実の提示よりもはるかに人々の関心を引き、咀嚼され記憶される。そしてあなたという人間について多くを物語ることができるのだ。

エピローグ

# 12の教訓

終わるまでは、終わりじゃない。

——ヨギ・ベラ（野球界のレジェンド）

本書から学べる最も有意義な教訓を挙げるとすれば、あなたは何を選ぶだろうか。私が選ぶのは以下の12項目である。

## 1　ストーリーには強い力がある

ストーリーは単なる事実よりも圧倒的に強いインパクトを持つ。注意を引き、内容を咀嚼させ、記憶にとどめ、説得し、触発し、行動を喚起する力が格段に勝っている。

## 2　シグネチャーストーリーは、ストーリーを次のレベルへと高める

シグネチャーストーリーとは、興味深く、真実味があり、人を引き込む物語であり、戦略的メッセージを伴っている。一揃いの事実にとどまるものではないが、メッセージの裏づけとなる事実を知ろうとする動機を喚起できる。

## 3　複数のシグネチャーストーリーをセットにすることで効果を増幅できる

ストーリーを複数の異なる視点から語ることで、戦略的メッセージに深みと幅を加え、新鮮味と活気を与えることができる。

## 4　シグネチャーストーリーはブランドを向上させる

知名度と活気という、2つの重要なブランド特性を向上させる。知名度をもたらすのは、メディアの雑音を突き抜けて注目を集めるストーリーの力である。活気を生み出すのは、その知名度と、ストーリーが受け手を引き込む力である。

## 5　シグネチャーストーリーは説明抜きに説得力を発揮する

講義や講釈をしなくても、受け手自身にメッセージを推論させ、記憶させることができる。また、ストーリーは反論を抑制する。

## 6　高次の目標をめぐるシグネチャーストーリーは、従業員と顧客を鼓舞する

高次の目標は従業員に、自身の仕事への新たな誇りを与えることができる。そして顧客には、価値観の共有に根差したブランド支持を動機づけることができる。たとえばライフブイによる「子どもに5歳を迎えさせよう」のプログラムは、感情的関与を生み、それが人々の命を救うことに貢献している。

## 7　ブランドが危機に直面したとき、シグネチャーストーリーが論調を変えさせる

ブランドの信用が傷ついたとき（製品・サービスの重大な失敗や、時事的な出来事といった原因

が考えられる)、対応策の1つとなりうるのは、ブランドのプログラムに関する新たな話題をストーリーの形で生み出すことだ。バークレイズによる、デジタル社会への適応力を人々に教えるプログラムをめぐるシグネチャーストーリーは、「問題を抱えたブランド」という認識を変えさせるうえで貢献した。

## 8 シグネチャーストーリーは戦略的メッセージを推し進める手段となる

最も興味深く引き込む力のあるストーリーを探求しようとするあまり、戦略的メッセージを見失ってはならない。素晴らしいストーリーの発掘や創出だけが目標なのではない。メッセージを長きにわたって中心に据え続けておくことも重要な目標だ。

## 9 さまざまなものがシグネチャーストーリーの主役になれる

たいていは従業員や顧客がストーリーの主役になる。しかしその他にも、製品やサービスそのもの、組織のプログラム、創業者、再活性化戦略、成長戦略、ブランド、ブランドのエンドーサー、供給業者などを主役に据えてもよい。

## 10 シグネチャーストーリーは少数の側面で〝突出〟している

興味深さ、真実味、引き込む力以外の特性に関しては、長々とした具体的なチェックリストに従っても、効果的なシグネチャーストーリーができるわけではない。とはいえ有効なものとして、受け手が共感できる登場人物、意義深い挑戦、感情的なつながり、深いレベルでの意味のある関連性（B2Bの場合は特に）、プロフェッショナルな質のプレゼンテーションがある。そしてユーモアは、注意を引き反論を抑制するうえで役に立つ。

## 11 個人的なシグネチャーストーリーも大切である

職業人としての自分のシグネチャーストーリーは、自分自身を理解し、自身の高次の目標を明らかにし、将来の針路を定め、信頼性を高める一助となる。

## 12 ストーリーを活かしやすい組織づくりが必要である

ストーリーの候補を発掘し、評価し、最適なストーリーをプロフェッショナルな質のプレゼンテーションへと仕立て上げ、ターゲットとなる受け手に送り届ける必要がある。それを行うためには、組織には人材、体制、プロセス、文化が必要である。

# 謝辞

私を本書の執筆に向かわせたのは、私の娘ジェニファー・アーカーが行ってきた、ストーリーの大きな力に関する研究である。スタンフォード大学経営大学院の教授を務めるジェニファーは、先駆的な研究者であり、才能に恵まれた革新的な教育者であり、利他の人であり、素晴らしい娘でもある。彼女の影響で私はストーリーの強さについて追究することになり、2人で活発な議論を重ねながら、核となるアイデアを打ち立てて磨いていった。数々の理論や題材を試しながら彼女と時間を過ごすことは、喜びであった。

多くの著者にも、深い感謝を捧げたい。アネット・シモンズ、ピーター・グーバー、スティーブン・デニング、ジャック・マグワイアをはじめとする書き手たちは、あらゆる形態のストーリーテリングについて探求し、たくさんの読者にその実践を可能にした。そして、ストーリーがブランドに知名度と活気をもたらし、受け手を説得し触発する力を持つことを、実験と理論によって鮮明に示してきた心理学と経営学の研究者たちにも感謝する。さらに、組織の一員としてストーリーをきわめて効果的に活用し、困難な状況でその効力を実証してみせた人々にも謝意を表したい。

私のアイデアの多くは、プロフェットの同僚たちによって提起または醸成されたものである。プロフェットは私が1999年から運営に携わり、グローバルに活動するブランドおよび戦略のコンサルティング会社だ。CEOマイケル・ダンの支援と友情、そしてインスピレーションを与えてくれたスコット・デイビス、アンディ・ピアース、ルネ・グスタフソンに感謝を捧げたい。ポール・ワンをはじめサンフランシスコのデザインチームの全員が、本書の装丁を考案してくれた。ジョン・バグリボ、アマンダ・ニゼーラ、リンジー・マローン、エイミー・ベネットによるマーケティングチーム、およびアリエル・グレイザーとジョナサン・レッドマンは、マーケティング戦略を担い、本書がプロフェットの社内と外部で注目を集めるよう万全を期してくれた。

私のパートナーとなったモルガン・ジェイムズ・パブリッシングの人々にも感謝する。執筆時のストレスを、自信と創造力と楽しみに変えてくれた。同社の創業CEOデービッド・ハンコックは、博識で洞察力に富み、助力を惜しまぬ人であり、ともに仕事ができたことは大きな喜びであった。発行者のジム・ハワードは、重要な局面で貴重な助言を与えてくれた。優れた編集者のダン・クアマンは、本書の精度を高め、その過程で執筆と推敲についてたくさんのことを教えてくれた。

最後に、家族に感謝を捧げたい。妻のケイ、娘のジェニファー、ジャン、ジョリーン、そして娘の家族たちは、常に私を支え、触発し、人生を豊かにしてくれる。

# 訳者あとがき

本書は、デービッド・アーカー（David Aaker）著 *Creating Signature Stories : Strategic messaging that persuades, energizes and inspires*（2018, Morgan James Publishing）の全訳である。

原書のタイトルはそのまま訳すと「シグネチャーストーリーをつくる」となるが、日本の読者によりよく本書の内容を伝えるタイトルは何かを検討した結果、「ストーリーで伝えるブランド」とし、「シグネチャーストーリーが人々を惹きつける」という副題を添えた。翻訳にあたっては、米国市場のローカルなブランドや習慣をはじめ、日本の読者になじみのない内容に関して説明を加えるとともに、原書にはない小見出しを加えて視覚的に整理するなど、できるだけ読みやすいものにすることを心がけた。

デービッド・アーカーはカリフォルニア大学バークレー校の名誉教授であるとともに、国際的なブランド・コンサルティング会社であるプロフェット社の副会長でもある。多くの読者にとって改めて言うまでもないことかもしれないが、アーカーといえば、ブランド・マネジメントという新しい分野を切り拓き、発展させた功績で世界的に知られている。前著『ブランド論——無形の差別化をつくる20の基本原則』は、それまでに彼が上梓した8冊のブランド・マネジメントに関する著書のエッセンスを読みやすくコンパクトにまとめ、さらに発展させたものだ。
その次の著作となる本書は、昨今ブランド・マネジメントにおいて大いに注目されている、ストーリーを活用した効果的なブランド・コミュニケーションの考え方、実践の仕方を教授するものである。

謝辞でも述べられているが、アーカーのストーリーに関する研究は、自身の娘でありスタンフォード大学経営大学院教授であるジェニファー・アーカーに触発されて始まり、本書も多大な影響を受けている。ジェニファーは消費者行動研究の第一線で活躍する心理学者であり、本書で述べられている実践的なアドバイスの多くが緻密な心理実験によって裏づけられた科学的知見に基づいているのも頷ける。

同時に、本書で紹介されている事例の多くはプロフェット社の実務経験豊富なコンサルタントたちの協力を得て集められ、厳選されたものである。プロフェットではすでに顧客獲得や組織文化づくりのためにシグネチャーストーリーを経営の中で有効に活用しており、ストーリーバンクの構築など、それを仕組み化している。そうした意味で本書の内容は実務的検証を経ており、説得力がある。これまでの著書と同様に、学術研究によって支持された理論と実務経験に裏づけられた実践方法の見事な統合を、アーカーは本書でも実現している。

一方で、これまでのブランド・マネジメント関連の著書と比べての本書の特徴を1つ挙げるとすれば、方法論的なノウハウの記述がとても丁寧で手厚いということになろうか。特に、職業人《プロフェッショナル》としてのシグネチャーストーリーを扱った最終章（第9章）では、自分がどのような経緯でブランド研究の道に進んだのかについて語った自らのシグネチャーストーリーを例に、職業《プロフェッショナル》人としてのシグネチャーストーリーの要素やタイプを1つひとつ解き明かし、丁寧に書き方を指導している。

シグネチャーストーリーを論じた本書が、とりわけ方法論的側面、その「つくり方」に詳しいのにはわけがある。これまでアーカーは、30年超の長きにわたり12版を重ねたロングセラーの教科書に加えて、10冊を優に超える経営書を執筆してきた。これだけの書物を著してきた経営学者は世界中を見わたしてもそうはいないが、アーカーの場合、それだけではない。

実は彼は、10年以上前に本書の2倍は超える厚みの自叙伝 *From Fargo to the World of Brands: My story so far*（2006, ICENI Books）を著している。和訳こそされていないが、一連のシグネチャーストーリーから構成された大変読み応えのある本格的な物語である。つまり、彼はストーリーの力をコミュニケーションに活用しようとするブランド研究者であるだけでなく、自らが生粋のストーリーテラーなのである。だからこそ本書で、多くの読者にストーリーの力を実感させ、具体的で的確な書き方の指導ができるのだと思う。日本の読者の皆さんにも、読み物として本書を楽しみながら、ぜひご自身のシグネチャーストーリーをつくってみていただきたい。

また、本書で述べられている「高次の目標」を持っている会社、特に日本企業は意外に多いのではないかと思う。しかし、それが社員や就職活動中の学生たちはもちろん、顧客や消費者などにもしっかりと伝わっていると自信を持って言える会社はどれだけあるだろうか？　高次の目標をはじめ、社是や経営理念、ブランド・ビジョンや戦略など、内容が抽象的になればなるほど、他者にしっかりと伝えることは難しい。その実現を驚くほど力強く手助けしてくれるのがシグネチャーストーリーである。本書をきっかけに、日本でも有意義なシグネチャーストーリーがもっとつくられ、活用されることを願っている。

最後に、本書の出版にあたって、企画立案から最後の仕上げまで、多大なご支援をいただいたダイヤモンド社の大坪亮氏とフリーランスの片桐嘉人氏に、心より御礼申し上げたい。

２０１９年８月

東京都内の研究室にて　阿久津　聡

4. David Aaker, *Building Strong Brands*, New York: The Free Press, 1995.（デービッド・アーカー『ブランド優位の戦略』ダイヤモンド社，1997年）
5. David Aaker, *From Fargo to the World of Brands*, Tucson, Ariz.: Wheatmark Books, 2016.（未邦訳）
6. Max Slonim, Charles Schwab Financial Services: "The Person Who Changed My Life," WARC, 2017.
7. Rick Levine, Christopher Locke, Doc Searls, David Weinberger, *The Clue Train Manifesto*, Cambridge, Mass.: Perseus Books, 2000, p.100.
8. シュルツ，前掲書.
9. ベニオフ，前掲書.
10. スティーブ・ジョブズ，2005 Stanford commencement address，ユーチューブ動画，2017年.
11. Boas Shamir and Galit Eilam, "What's Your Story? A Life-Stories Approach to Authentic Leadership Development," *The Leadership Quarterly*, 16 (3), June 2005, pp. 395-417.
12. Shamir and Eilam, 同上.

9. Brad Stone, *The Everything Store: Jeff Bezos and the Age of Amazon*, New York: Back Bay Books, 2013.（ブラッド・ストーン『ジェフ・ベゾス 果てなき野望』日経BP社，2014年）

## 第8章　シグネチャーストーリーを強化する方法

1. 詳細は “GE: Reinventing Storytelling for Business-to-Business,” ANA.net, Marketing Knowledge Center, 2016; Linda Boff, “Marketing Transformation at GE: Storytelling and Business Results,” YouTube, Columbia Business School, 2016を参照.
2. David Aaker with Donald B. Bruzzone, “Causes of Irritation in Advertising?” *Journal of Marketing*, Spring 1985, pp. 47-57.
3. M. C. Green, J. Garst and T. C. Brock, “The Power of Fiction: Determinants and Boundaries,” in L. J. Shrum (ed.), *The Psychology of Entertainment Media: Blurring the Lines Between Entertainment and Persuasion*, Mahwah, N.J.: Lawrence Erlbaum, pp. 161-176.
4. Jonah Berger and Katherine Milkman, “What Makes Online Content Viral?,” *Journal of Marketing Research*, April 2012, 49 (2), pp. 192-205.
5. Rashmi Adaval and Robert S. Wyer Jr., “The Role of Narratives in Consumer Information Processing,” *Journal of Consumer Psychology*, 1998, 7 (3), pp. 207-245.
6. Low Lai Chow, “General Motors Taps Augmented Reality, Live Streaming for Better Customer experience,” WARC, September 2016.
7. “Why Work Matters,” Nairobi 360 Degrees, Samasource.org/impact, April 2017.
8. Craig Smith, “80+ Incredible Pokémon Go Statistics and Facts,” expandedramblings.com, DMR Statistics, June 2017.
9. WARC Trends, Toolkit 2017, “How Brands Can Use Virtual and Augmented Reality,” WARC, 2017.
10. Jeff Berman, “YuMe, Nielsen: VR Has Potential for Marketers, but Also Presents New Challenges,” MESA M&E Connections, November 10, 2016.
11. WARC Trends, 前掲文書.
12. WARC Trends, 前掲文書.

## 第9章　自分を知るためのシグネチャーストーリー

1. David Aaker, “Managing Assets and Skills: The Key to a Sustainable Competitive Advantage,” *California Management Review*, 31 (2), January 1, 1989, pp. 91-106.
2. David Aaker, *Managing Brand Equity*, New York: The Free Press, 1991.（デービッド・アーカー『ブランド・エクイティ戦略』ダイヤモンド社，1994年）
3. ベニオフ，前掲書; Andrew S. Grove, *Only the Paranoid Survive*, New York: Crown Business, 1999（アンドリュー・S・グローブ『パラノイアだけが生き残る』日経BP社，2017年）; ガースナー，前掲書; A.G. Lafley & Ram Charan, *The Game-Changer*, New York: Crown Business, 2008（A・G・ラフリー，ラム・チャラン『ゲームの変革者』日本経済新聞出版社，2009年）; Richard Branson, *Losing My Virginity*, London: Virgin Books, 2007（リチャード・ブランソン『ヴァージン』阪急コミュニケーションズ，2003年）; Tony Hsieh, *Delivering Happiness*, New York: Grand Central Publishing, 2013（トニー・シェイ『顧客が熱狂するネット靴店　ザッポス伝説』ダイヤモンド社，2010年）; シュルツ，前掲書; グーバー，前掲書; Jack Welch and John Byrne, *Jack: Straight From the Gut*, New York: Warner Business Books, 2001.（ジャック・ウェルチ，ジョン・A・バーン『ジャック・ウェルチ わが経営　上・下』日本経済新聞社，2001年）

14. Chip Heath and Dan Heath, *Made to Stick: Why Some Ideas Survive and Others Die*, New York: Random House, 2007, pp. 42-244.（チップ・ハース，ダン・ハース『アイデアのちから』日経BP社，2008年）
15. A.C. Graesser, N.L. Hoffman and L.F. Clark, "Structural Components of Reading Time," *Journal of Verbal Learning and Verbal Behavior*, 19 (2), April 1980, pp. 135-151.
16. Larry Cahill and James L. McGaugh, "A Novel Demonstration of Enhanced Memory Associated with Emotional Arousal," *Consciousness and Cognition*, 4 (4), December 1994, pp. 410-421.
17. Denise Davidson and Sandra B. Vanegas, "The Role of Emotion on the Recall of Central and Peripheral Information From Script-Based Text," *Cognition and Emotion*, 29 (1), 2015, pp. 76-94; Cara Laney, Hannah V. Campbell, Friderike Heuer, Daniel Reisberg, "Memory for Thematically Arousing Events," *Memory & Cognition*, 32 (7), 2004, pp. 1149-1159.
18. クチコミによるコミュニケーションを促進するトリガーの効力については，Berger, *Contagious*を参照．（『なぜ「あれ」は流行るのか？』）

## 第5章　シグネチャーストーリーは価値観を伝える

1. Leon Kaye, "Unilever Handwashing Campaign Goes Beyond CSR and Saves Lives," triplepundit.com, April 22, 2015.
2. Benioff, *Behind the Cloud*, p. 147.（『クラウド誕生』）

## 第6章　シグネチャーストーリーを伝える相手

1. Tom Roach, "Barclays: Purpose Pays," WARC, 2016.
2. Millward Brown Tracking, Roach, 同上，Figure 3.
3. 2014年の「エデルマン・ファイナンシャル・トラスト・バロメーター」（Edelman Financial Trust Barometer）では，銀行および金融セクターは2013年・2014年の両方で最も信頼されない業界と評価された．Roach, 同上，Figure 2.
4. "Banking on Change: Breaking the Barriers to Financial Inclusion," Barclays.com, 2017.
5. Roach, 前掲文書.
6. Howard Schultz, *Pour Your Heart Into It*, New York: Hyperion, 1997, Chapter 3.（ハワード・シュルツ『スターバックス成功物語』日経BP社，1998年）
7. Starbucks.com, 2017.

## 第7章　シグネチャーストーリーのつくり方

1. "Dispensing Happiness: How Coke Harnesses Videos to Spread Happiness," Stanford Graduate School of Business, Case M-335, June 9, 2010.
2. "Priceless Surprises," Reggie Awards, ANA.net, April 20, 2016.
3. 日経BPコンサルティングが毎年行っている，日本市場の1000のブランドを対象とした価値調査「ブランド・ジャパン」の2017年版より．
4. Ariel Conant, "The Incredible Story of Marin Minamiya," YouthPost, yp.scmp.com, May 1, 2016.
5. Conant, 同上.
6. 2016年11月，ジョン・ガーズマ（John Gerzema）との個人的なやり取りに基づく．
7. "Tequila Don Julio—Make Your Move," Reggie Awards, ANA.net, April 15, 2015.
8. Louis V. Gerstner Jr., *Who Says Elephants Can't Dance?*, New York: Harper Business, 2002.（ルイス・V・ガースナー『巨象も踊る』日本経済新聞社，2002年）

6. Robert East, Jenni Romaniuk, Rahul Chawdhary and Mark Uncles, "The Impact of Word of Mouth on Intention to Purchase Currently Used and Other Brands," *International Journal of Market Research*, 59 (3), 2017.
7. Elihu Katz and Paul F. Lazarsfeld, *Personal Influence*, Glencoe, Illinois: The Free Press, 1955.（エリフ・カッツ，ポール・ラザースフェルド『パーソナル・インフルエンス』培風館，1965年）
8. Ernest Dichter, "How Word-of-Mouth Advertising Works," *Harvard Business Review*, November-December 1966, pp. 147-166.
9. Jonah Berger, *Contagious: Why Things Catch On*, New York: Simon & Schuster, 2013は，クチコミに関するこれまでの研究を巧みに概観している．（ジョーナ・バーガー『なぜ「あれ」は流行るのか？』日本経済新聞出版社，2013年）

## 第4章 シグネチャーストーリーは説得する

1. Paul Johnson, *A History of the American People*, New York: Harper Collins, 1997.（ポール・ジョンソン『アメリカ人の歴史　1〜3』，共同通信社，2001〜2002年）
2. ハーバート・サイモン（Herbert Simon）の限定合理性理論が適用できる．
3. Russell Haley and Allan Baldinger, The ARF Copy Research Validity Project, *Journal of Advertising Research*, April/May 1991, pp. 11-32; Andrew Mitchell and Jerry Olson, "Are Product Attribute Beliefs the Only Mediator of Advertising Effects on Brand Attitude?" *Journal of Marketing Research*, 18 (3), August 1981, pp. 318-332.
4. John P. Murry, John L. Lastovicka, Surendra Singh, "Feeling and Liking Responses to Television Programs," *Journal of Consumer Research*, March 1992, pp. 441-451.
5. Ton Van Laer, Ko de Ruyter, Luca M. Visconti and Martin Wetzels, "The Extended Transportation-Imagery Model: A Meta-Analysis of the Antecedents and Consequences of Consumers' Narrative Transportation," *Journal of Consumer Research*, February 2014, p. 2.
6. Deborah Small, George Loewenstein and Paul Slovic (2007), "Sympathy and Callousness: The Impact of Deliberative Thought on Donations to Identifiable and Statistical Victims," *Organizational Behavior and Human Decision Processes*, 102 (2), pp. 143-153.
7. Penelope Green, "He Takes Stuff Seriously: At Home With Joshua Glenn," nytimes.com, July 11, 2012.
8. Ton Van Laer et. al. 前掲誌，pp. 797-817.
9. Melanie C. Green and Timothy C. Brock, "The Role of Transportation in the Persuasiveness of Public Narratives," *Journal of Personality and Social Psychology*, 79 (5), 2000, pp. 701-721.
10. 225件の実験を検証した研究結果によれば，学校でのアクティブ・ラーニングはパッシブ・ラーニング（受動的学習）に比べて著しく効果的であることが示されている．S. Freeman, S.L. Eddy, M. McDonough, M.K. Smith, N. Okoroafor, H. Jordt and M.P. Wenderoth, "Active Learning Increases Student Performance in Science, Engineering and Mathematics," *Proceedings of the National Academy of Sciences*, June 2014, pp. 8410-8415.
11. Melanie C. Green, "Narratives and Cancer Communication," *Journal of Communication*, August 2006, pp. S163-S183.
12. Robert A. Burton, *On Being Certain*, New York: St. Martin's Griffin, 2008.（ロバート・A・バートン『確信する脳』河出書房新社，2010年）
13. Leon Festinger, Henry W. Riecken and Stanley Schachter, *When Prophecy Fails: A Social and Psychological Study of a Modern Group That Predicted the Destruction of the World*, New York: Harper-Torchbooks, 1956.（レオン・フェスティンガー，ヘンリー・W・リーケン，スタンリー・シャクター『予言がはずれるとき』勁草書房，1995年）

# 原注

## 第1章　シグネチャーストーリーとは何か

1. "Phytel Helps Orlando Health Build a Clinically Integrated Network for a Healthier Community," IBM.com, 2016.
2. Peter Guber, *Tell to Win*, New York: Crown Publishing, 2011, pp. 10-13.（ピーター・グーバー『成功者は皆，ストーリーを語った。』アルファポリス，2011年）
3. 例としてセラーズイーストン・メディア（Sellers-Easton Media）は，『フォーチュン』誌の一流ライターたちによって創業された．
4. このストーリーと同社に関する詳細は，Essential.comを参照．2017年5月30日の『ウォール・ストリート・ジャーナル』紙p. A5の全面広告で，このストーリーと同社の理念が伝えられた．
5. Marc Benioff and Carly Adler, *Behind the Cloud*, San Francisco: Jossey-Bass, 2009.（マーク・ベニオフ，カーリー・アドラー『クラウド誕生』ダイヤモンド社，2010年）
6. Guber，前掲書，pp. 120-121.

## 第2章　複数のストーリーを組み合わせる

1. 2010年の分析で「最も成功したバイラル・キャンペーン」に挙げられた時点での視聴数は，1億3500万回．現在では3億回に達し，1位の座はますます揺るぎないと思われる．Michael Learmonth, "The Top 10 Viral Ads of All Time," *Advertising Age*, September 2, 2010.
2. Alan Siegel, "Ad Meter 50 for 50th: Ranking the 50 Best Super Bowl Commercials Ever," *USA Today*, January 21, 2016.
3. Max Slonim, Charles Schwab Financial Services, "The Person Who Changed My Life," WARC, 2017.
4. charitywater.org/about/Scott-Harrison-story, 2017.
5. Prophet.com, Our Work, Case Studies, 2017.
6. Megan Willett, "Chinese Tourists Are Flooding Into the U.S. Thanks to a New Visa Rule," businessinsider.com, January 21, 2015.

## 第3章　シグネチャーストーリーはブランドを強化する

1. Matt Prentis, "Knorr: #LoveAtFirstTaste," WARC, 2016.
2. John Gerzema and Ed Lebar, *The Brand Bubble*, San Francisco: Jossey-Bass, 2008, Chapter 2.
3. 2016年7月，ジョン・ガーズマ（John Gerzema）との個人的な会話より．
4. Natalie Mizik and Robert Jacobson, "The Financial Value Impact of Perceptual Brand Attributes," *Journal of Marketing Research*, February 2008.
5. 短期・長期両方の注意力を引きつける方法を分析した名著に，Ben Parr, *Captivology: The Science of Capturing People's Attention*, New York: HarperCollins Publishing, 2015がある．（ベン・パー『アテンション』飛鳥新社，2016年）

## ヤ行

ヤング・アンド・ルビカム……70, 159
ユーチューブ……29, 45, 60, 64-5, 73, 156, 172
ユーモア……15, 45 51, 77, 132, 174-7, 180, 185-6, 215-7
ユニクロ……154-6
ユニリーバ……104

## ラ行

ライオンズ, リチャード……199
ライフ・スキルズ……124
ライフブイ……104-7, 110, 115, 119, 181, 191, 221
ライブ配信……188
ラザースフェルド, ポール……76
ラブ・アット・ファースト・テイスト……65, 74, 88, 110, 179, 182
ラフリー, A・G……196
リッチ, スティーブ……124
履歴書ビルダー……125
リンクトイン……150
ルービン, アンディ……24
歴史……32, 147
レッドブル……64, 70, 74, 77, 88, 98, 188
レッドブル・ストラトス……64
レン, クリストファー……103
ロイヤルティ……55, 99, 114, 126-7, 144, 195
ロキア（セーブ・ザ・チルドレン）……91
露出……9, 15, 58-9, 66, 76, 130-1
ロッキード・マーティン……190
ロレンス, T・E……7

## ワ行

「私がピアノに向かって座ると, みんな笑いました」……82
ワン・フォー・ワン……159

ビー・リーフ……117
ビーン, レオン……2, 18, 44, 61, 101, 117
引き込む力……17-8, 179
ビタリー（モルソン）……43
必須条件（マストハブ）……97, 99, 161
比喩……27, 147
ヒューレット・パッカード……100
ヒューレット, ビル……100
ピュリナ・キャット・チャウ……151
ピュリナ……165
『ファーゴからブランドの世界へ』……197
ファーマーズ・スピーク……156
ファロンベンション……173
フェイスブック……188
フェスティンガー, レオン……94
フォースター, E・M……23
プライスレス・サプライズ……153-4, 182
ブランソン, リチャード……196
ブランディング……194
ブランド
—の活気……14, 20, 42, 50, 69-71, 153-5, 221
—知名度……14, 20, 42, 50-1, 68-9, 221
ブランド・アイデンティティ・モデル……197
ブランド・アセット・バリュエーター（BAV）……70, 159
ブランド・エクイティ……195
『ブランド・エクイティ戦略』……195
ブランド資産……68, 195, 203, 206
ブランドストーリー……21
ブランド・ビジョン……12, 14, 19, 21, 132, 136-7
『ブランド優位の戦略』……197
ブランド連想……68, 83-4, 87-8, 93, 97-8, 112, 117, 154
プリウス……27-8, 88, 99, 114
プリングルズ……173
フルーグタグ……64
フレーミング……97-9
プレゼンテーション……36-7, 53, 60, 73, 144, 166, 180, 187-92, 215, 222-3
ブレンドテック……44-5, 50-2, 58-9, 74, 78, 88, 95, 98, 152, 177, 185-6, 192
フロード・スマート……124
プロクター・アンド・ギャンブル……→P&G
プロフェット……53, 59-61, 166
フロンテラ, アダム……171-2
フロンテラ, マーク……171-2
ベイ, ウィロー……200
ペイジ（スカイプ）……41
ベゾス, ジェフ……163-4
ベニオフ, マーク……30-1, 112, 196, 204
ペプシ……189
ヘミングウェイ, アーネスト……27
ベラ, ヨギ……213
ペレイラ, ミケイラ……47, 200
便益（ベネフィット）
感情的—……82, 137
機能的—……85, 116, 118-9, 127, 129, 136
自己表現—……82-3, 114, 128, 137
社会的—……82-3, 98, 119
ホイール・オブ・ストレングス……125
ホーム・デポ……119
ポーリング, ライナス……141
ホールフーズ・マーケット……114
ポケモンGO……189
ポズナック, デニス……40-1
ボトマン, ポール……48

## マ行

マースク……184
マイコスキー, ブレイク……159, 197
マクドナルド……190
マスク, イーロン……6
マスターカード……153-4, 182
マスターストーリー……42-3, 197, 212
マッキントッシュ……100
マッケロイ, ニール……71, 74
『真昼の決闘』……33, 148
マリオット……55
南谷真鈴……155
無印良品……114
メイン・ハンティング・シュー……2, 10, 87, 118, 132, 136
メソッド……114
メドトロニック……201
モービル……157, 165
モルソン・カナディアン……4, 17-20, 26, 43, 50, 52, 79, 88, 129, 135, 152, 191

67, 75-8, 128, 130, 154, 170-5
ソニー・ピクチャーズ・エンタテインメント……8

## タ行

「第三の居場所」……134
代弁者（スポークスパーソン）……42, 46, 94
タイメックス……152
ダウニー・シングル・リンス……181
ダウニー……181
タグライン……98, 160
ダナ・ファーバーがん研究所……171
チャイコフスキー記念国立モスクワ音楽院…153
チェイト, バッド……132-3, 216
チャールズ・シュワブ……46-7, 80, 107, 200
チャムキ（ライフブイ）……105
チャリティ・ウォーター……3, 17-9, 22, 24, 30, 48-9, 51, 52, 60, 86, 88, 149, 151, 179
チャン・ルエミン（張瑞敏）……208-9, 216
注意力……72-4
ティー・アンド・ティーチ……123
ディクソン, トム……88, 95, 186
ディジョルノ・ピザ……98, 152
ディヒター, アーネスト……76
ティム（リンクトイン）……150
ティンバーレイク, ジャスティン……153
デジタル・イーグルズ……123
デジタル・ウィングズ……123
テスラ……6, 17, 43, 88, 98, 107, 114, 134, 149
デビソン（チャリティ・ウォーター）……48
テレビ番組……32, 90
伝記……32
動機……76-8, 85-7
ドス・エキス……154
トムス……114, 159, 197
トヨタ自動車……27-8, 88, 99, 114
『ドラグネット』……26
ドリーム・アドベンチャー……190
トリプル・パンデミット……104
ドン・フリオ……160-1

## ナ行

ナイキ……68, 154
ナショナルジオグラフィック……171
ナタリア（チャリティ・ウォーター）……3, 19, 22, 86, 88, 179
ナラティブ・トランスポーテーション……92
乳がん撲滅のためのエイボン・ウォーク……79
ニュース……6, 32, 84, 147
『ニューヨーク・タイムズ』……183
ネクスト……207
ノードストローム……15-6, 24-5, 30, 77, 88, 101, 133, 152, 178, 185

## ハ行

バーガー, ジョーナ……76
バークレイズ……122-6, 129, 135, 165, 185, 222
ハース, チップ……96
『パーソナル・インフルエンス』……76
バーネット, エリン……200
『ハーバード・ビジネス・レビュー』……76
バーバリー……29, 88
ハーマン, カーリー……67
バーラ, メアリー……188
ハイアール……208
媒体……45, 86, 128, 130-1, 160, 170, 175
ハイテク企業……13, 34, 85, 127
バイラル……45, 75, 131, 183, 187, 191
パウエル, コリン……31
バウムガルトナー, フェリックス……64, 74, 182, 188
パタゴニア……114, 159-60
パッカード, デイブ……100
ハッピーゴーグル……190
バドワイザー……45, 51, 58, 61, 74, 79, 100
パナソニック……114
ハビタット・フォー・ヒューマニティ……119
ハリソン, スコット……49
ハワード, ロン……171
パワーポイント……36, 215
バンキング・オン・チェンジ……123
パンパース……79
バンフィールド, アシュリー……47, 200
反論……12, 23-5, 94, 128, 178, 186, 216, 221-2

ジェニー（リンクトイン）……150
シグネチャーストーリー……12, 22, 26-30
—が満たすべき要件……15-8, 176-80
—と戦略的メッセージ……19, 179-80
—によるビジョン創出……137-8
—の過多への対応……56-62
—の説得力……83-7, 92-7
—のための組織体制……34-7, 164-7
—のつくり方……21-3, 30-3, 143-8, 191-2
—の定義……14
—のトリガー……99-101
—はブランドを強化する……68-71, 78-80, 87-8
—を持続させる方法……99-101
—を伝える相手……126-9, 131-6
—を露出させる……130-1
私生活の—……209-13
職業人としての—……195-209, 217-8
注意を引く—……71-4
複数の—を活用する……42-55, 175-6
リーダーとしての—……214-7
→ストーリー
→高次の目標
自己概念……215
自己認識……215
事実
—の限界……71-2, 78, 83, 94-6, 109
—の提示方法……23-6
ストーリーと—の比較……9-11, 19-22, 34-5, 85-7, 90-1, 117-8
自伝……196, 210
シボレー……188
シボレー・コロラド……190
シボレー・トラックス……188
シボレー・ボルト……188
社会問題……114, 147
ジャクソン, フィル……39
『シャドー』……26
シュイナード, イヴォン……160
周辺経路からの説得……89
シュルツ, ハワード……134, 196, 203
小説……27, 32, 85, 147
ジョージ, ビル……201
ジョブズ, スティーブ……107, 206-7
ジレット……29
真実味（オーセンティシティ）……16-7, 95, 178
「信じられる？」……4, 45, 77, 183, 186, 192
シンボル……46, 79, 83, 100, 136, 175, 189
スウェイジ, ジョン・キャメロン……152
スカイプ……40, 51-2, 59, 77-8, 88, 98-9, 152
スターバックス……134, 196, 203
スチュワードシップ……123
ストーリー……9-12
—とシグネチャーストーリーの違い……12
—の主役……148-64
—の選別法……57
—の定義……14
—の評価……177-80
—の普及の壁……13-4
優れた—の特性……180-6
戦術的—……12
→シグネチャーストーリー
→事実
ストーリーセット……42, 56, 58, 145, 196
ストーリーテラー……32, 37, 95, 139, 171, 192
ストーリーテリング……9, 20, 34-7, 138, 167, 175, 192
ストーリーバンク……61-2, 116, 138, 217
スピン・ザ・コーク……142
スモール・ワールド……143
スモール, デボラ……90
スロープ・スターズ……190
セールスフォース・ドットコム……30-1, 112, 115, 147, 196, 204
説得力……83-5, 90-2, 106
—の源泉……92-7
ゼナ（バークレイズ）……125
ゼネラル・エレクトリック……→GE
ゼネラル・モーターズ……→GM
セント・ジュード小児研究病院……190
セント・ポール大聖堂……103
戦略的メッセージ……11-4, 19-20, 42, 50-3, 58-9, 144, 146, 149, 151, 167
—を顧客に伝える……126-9
—を従業員に伝える……131-5
創業者……2, 24, 45, 117, 185, 197
ストーリーの源泉としての—……158-60
ソーシャルネットワーク……65, 78, 130, 142, 150
ソーシャルメディア……9-10, 15, 34, 54, 58,

オラクルズ・プロミス……31
オルドリン, バズ……172
「女の子らしく」……66-7, 74, 77, 88, 111, 183

## カ行

ガースナー, ルイス……162, 182, 196
カーネマン, ダニエル……86
拡張現実（AR）……189
カジョル（ライフブイ）……106
火星体験バス……190
仮想現実（VR）……174, 189
価値提案……19, 36, 65, 114, 150, 156, 159
カッツ, エリフ…… 76
葛藤……182
カリフォルニア大学バークレー校ハース・ビジネススクール……132, 158, 195, 199
環境保護……31, 107-15, 118, 159
感情の移転……89-90
記憶……9, 11, 15, 37, 78, 85-6, 95-7, 117, 129, 132, 143, 157, 182, 187-8, 210, 218, 221
企業の社会的責任（CSR）……104, 159
キス＆テル……29
興味深さ……15-6, 177-8
ギルモア, ダグ……153
緊張（感）……58, 155, 182, 184, 186, 192
クーパー, ゲイリー……33
グーバー, ピーター……7, 8, 32, 147, 196
寓話……32, 85
クチコミ……15, 59, 71, 75-7, 84
　—の動機……76-7
クノール……65, 74, 88, 182
クライズデール（バドワイザー）……45-6, 51, 61, 74, 79
クラフト……98
クラム, ブライアン……156
クリック, ケイティ……41
クリフバー＆カンパニー……156, 159
クリントン, ビル……32, 148
グレイサー, アーサー……96
クレイト＆バレル……54
グレン, ジョシュア……92
グローブ, アンディ……196
ケイ, レオン……104
ケープルズ, ジョン……82
ケラー, ケビン……195
ケリー, グレース……33
高エネルギー物理学研究所……172
高次の目標……30, 107-14
　—からストーリーが生まれる……115
　—の見つけ方……118-9
　職業人としての—……203-5
　製品・サービス主導の—……116-8
合成ストーリー……60
行動……17-8, 34-5, 84-5, 90, 93, 95, 131, 175, 179, 220
行動経済学……86
幸福の自動販売機……142-6, 152, 186
合理的意思決定……13, 34, 85-6, 127
コード・プレイグラウンド……124
コーポレートストーリー……21
コカ・コーラ……142-5, 152, 187
コッター, ジョン……121
「子どもに5歳を迎えさせよう」……104, 115, 119, 191
コロンビア・ピクチャーズ・エンタテインメント……7, 17, 32, 88, 147, 196
コンサベーション・インターナショナル……110
ゴンザレス, ドン・フリオ……160
コンテンツ……10, 15, 44, 58, 130, 145, 173, 175, 180
　—の組織的開発体制……166-7
コントロール広告……48

## サ行

ザ・コスモポリタン・オブ・ラスベガス……54, 59
ザ・トゥナイト・ショー・スターリング・ジミー・ファロン……173
ザ・ミッションズ……172
サウンドロゴ……68
サスペンス……8, 74, 86, 186
ザッポス……157, 196
サブカテゴリー……97-9, 114
サプライズ……18, 86, 142, 153-4, 182-3, 186, 211
サマソース……188
サラ（スカイプ）……41
シェイ, トニー……196
ジェイコブソン, ボブ……195

# 索引

## 英数字


1-1-1システム（1-1-1プログラム）……31-2, 115, 147, 205
360度動画……188
「#6秒の科学」……173
B2B……13, 18, 34, 53, 117, 127, 131, 150-1, 184
CES……188
CNN……46-7, 80, 200
CSR……104, 159
GE……170-5, 180, 184, 192, 196
「#GEインスタウォーク」……173
GEグローバル・リサーチ……171
GEリポート……171
GM……188
HP……100
IBM……162, 182, 196
IBMワトソン・ヘルス……5, 17-9, 22, 53, 88, 149, 184
L.L.ビーン……2, 17-8, 30, 44, 78, 87, 100-1, 118, 132, 136, 149, 152, 159, 181
MUJI……114
P&G……71, 74, 196
T-モバイル……55, 59, 161
USスクール・オブ・ミュージック……82, 98, 182


## ア行


アーカー, ジェニファー……9, 21, 211-2, 224
アース・カウンシル……205
アート・オブ・ザ・トレンチ……29, 88
愛着……68, 84, 88-90, 95, 117, 127-8
アップル……100, 118, 207
アマゾン……163-4
アムリターナンダマイ, マーター……31
アメリア・ストリート・スタジオ……116
アメリカズ・プロミス……31
『アラビアのロレンス』……8, 32, 88, 147
アリストテレス……193
アルティミーター……166
『アンクル・トムの小屋』……85
アンジェラ（リンクトイン）……150
アンドレイ（モルソン）……43
アンドロイド……24
イベント……70, 79, 100-1, 136
インスタグラム……172
インテル……68, 196
ヴァージン・グループ……196
ウィーチャット（微信）……55
ウィーワーク……116
ウィンフリー, オプラ……63
ウエスタンユニオン……111
ウェルチ, ジャック……196
ウォルトン, ロブ……110
ウォルマート……110-1
受け手（オーディエンス）……10, 17, 27, 93, 109, 126-7, 172-3, 184
ウタリ（ライフブイ）……105, 181
映画……11, 32-3, 147-8
エイボン……79
エイマー, スー……205
エクスペディア……190
エグゼンプラー……97-9
エクソンモービル……→モービル
エジソン, トーマス……170
エッセンシャル・プロダクツ……24
エリクソン, ゲイリー……159
エンドーサー……148, 154-5, 222
オーウェン（GE）……174
オーセンティック・リーダーシップ……215
オーディエンス……→受け手
オールウェイズ……66-7, 70, 74, 77, 79-80, 88, 111, 183
オキュラス・リフト……174
オコナー, フラナリー……1
オズボーン, ケイティ……116
オトゥール, ピーター……8

［著者］**デービッド・アーカー**（David Aaker）
カリフォルニア大学バークレー校ハース・ビジネススクール名誉教授（マーケティング戦略論）。ブランド戦略の第一人者として知られると同時に、マーケティング・サイエンスでポール D. コンバース賞、マーケティング戦略でヴィジェイ・マハジャン賞、マーケティングの理論と実践でバック・ウィーバー賞を贈られ、マーケティング分野への多大な貢献を称えられて全米マーケティング協会ニューヨーク支部殿堂入りを果たしている。発表論文は100本以上、著作17冊の売上部数は100万部を超え、18カ国語に翻訳されている。『カリフォルニア・マネジメント・レビュー』誌および『ジャーナル・オブ・マーケティング』誌の最優秀論文賞を受賞。主な著書に『ブランド・エクイティ戦略』（ダイヤモンド社、1994年）、『ブランド優位の戦略』（ダイヤモンド社、1997年）、『ブランド・ポートフォリオ戦略』（ダイヤモンド社、2005年）、『カテゴリー・イノベーション』（日本経済新聞出版社、2011年）、『ブランド論』（ダイヤモンド社、2014年）、などがある。

［訳者］**阿久津 聡**（Satoshi Akutsu）
一橋大学大学院経営管理研究科国際企業戦略専攻教授。DBAプログラムディレクター。一橋大学商学部卒業。同大学大学院商学研究科修士課程修了（商学修士）。フルブライト奨学生として、カリフォルニア大学バークレー校ハース経営大学院に留学し、MS（経営学修士）およびPh.D.（経営学博士）を取得。同校研究員、一橋大学商学部専任講師、一橋大学大学院国際企業戦略研究科准教授などを経て、現職。日本マーケティング学会副会長。企業ブランディングによって持続的に業績を向上させる経営のあり方を研究し、特に、健康経営まで実現する「健康経営ブランディング」を提唱している。主な著書に『知識経営実践論』（白桃書房、2001年、共著）、『ブランド戦略シナリオ』（ダイヤモンド社、2002年、共著）、『ソーシャル・エコノミー』（翔泳社、2012年、共著）、主な訳書にデービッド・アーカー著『ブランド・ポートフォリオ戦略』（ダイヤモンド社、2005年）、デービッド・アーカー著『ブランド論』（ダイヤモンド社、2014年）、などがある。

**ストーリーで伝えるブランド**：シグネチャーストーリーが人々を惹きつける

2019年10月2日　第1刷発行

著　者――デービッド・アーカー
訳　者――阿久津 聡
発行所――ダイヤモンド社
〒150-8409　東京都渋谷区神宮前6-12-17
http://www.diamond.co.jp/
電話／03·5778·7228（編集）　03·5778·7240（販売）
装丁――――布施育哉
製作進行――ダイヤモンド・グラフィック社
印刷――――新藤慶昌堂
製本――――本間製本
編集担当――大坪 亮


ISBN 978-4-478-10692-1